우리
지금,

    어디에

우리
지금,

어디에

초판 1쇄 발행 2024. 12. 20.

지은이 지인
펴낸이 김병호
펴낸곳 주식회사 바른북스

편집진행 김재영
디자인 김민지

등록 2019년 4월 3일 제2019-000040호
주소 서울시 성동구 연무장5길 9-16, 301호 (성수동2가, 블루스톤타워)
대표전화 070-7857-9719 | **경영지원** 02-3409-9719 | **팩스** 070-7610-9820

•바른북스는 여러분의 다양한 아이디어와 원고 투고를 설레는 마음으로 기다리고 있습니다.

이메일 barunbooks21@naver.com | **원고투고** barunbooks21@naver.com
홈페이지 www.barunbooks.com | **공식 블로그** blog.naver.com/barunbooks7
공식 포스트 post.naver.com/barunbooks7 | **페이스북** facebook.com/barunbooks7

ⓒ 지인, 2024
ISBN 979-11-7263-199-4 03190

•파본이나 잘못된 책은 구입하신 곳에서 교환해드립니다.
•이 책은 저작권법에 따라 보호를 받는 저작물이므로 무단전재 및 복제를 금지하며,
이 책 내용의 전부 및 일부를 이용하려면 반드시 저작권자와 도서출판 바른북스의 서면동의를 받아야 합니다.

우리 지금, 어디에

지인 지음

하루하루 버티고 살아가는 당신에게 전하는
인생길 찾기를 위한 마음공부 정리 노트

바른북스

당신은 소중한 사람입니다.

차례

알고 보면 쉬운 것 10
- 잠깐 멈춤
- 아주 작은 것들

습관 20
- 일상이 되는 행동 습관
- 성격이 되는 감정 습관
- 믿음이 되는 생각 습관
- 두려움이 되는 느낌 습관
  세상이 심는 두려움 | 사랑받지 못할 것에 대한 두려움
  | 두렵다는 생각에 대한 두려움

사랑의 상실 36
- 오만한 마음
- 존중하지 않는 관계
- 나를 사랑한다는 착각

사랑의 회복 50
- 사랑, 두려움
- 나 = 사랑
- 사랑은 곱셈

우리의 관계 64
- 점. 선. 면
- 관계
- 영향력
- 수용

나와의 관계 80
- 입안의 가시
- 용서
- 상처받은 마음
- 어린 나의 마음
- 일기

우리가 흔히 쓰고 있는 내비게이션을 실행시키면 GPS로 현 위치를 파악한다. 그리고 사용자가 목적지를 입력하고 나면, 몇 가지 경로를 안내해 준다. 그중 마음에 드는 것을 골라서 선택하고 출발하면 끝. 그런데 우리 인생에도 내비게이션이 있을까?

진심과 믿음 106
- 내가 편히 하는 이야기
- 선글라스를 벗는 연습
- 이해라는 경계선
- 보이지 않는 것을 볼 수 있는 능력

나의 길 찾기 127
- 목적지
  감정적 독립 | 목적과 목표 | 방황할 용기
- 경로
  할 수 있는 것을 해나가며
  | 반짝반짝 빛나며 | 양심을 따르며
- 속도
  천천히 | 찰나를 영원처럼

관계 안에서 성장하는 우리 153
- 놀라운 존재
- 주파수 맞추기
- 나를 보여주는 관계
- 혼잣말

당신의 현 위치는? 174
- 나무와 사람
- 축하
- 거울 속의 나를 웃게 하기 위해서
- 현재의 힘

에필로그

미주

―――

어느 날 갑자기, 나는 나를 돌아볼 수밖에 없었다. 거센 폭풍우 안에 놓인 한 그루 나무처럼 뿌리째 흔들리고 있었기 때문이다. '나는 지금 왜, 여기 이런 상황에 뚝 떨어진 거지? 과연 내가 잘 살고 있는 걸까?' 우리는 길을 찾으려면 현 위치를 알아야 한다. 그래서 나는 내 현 위치를 알아보기 시작했다.

현 위치

알고 보면
쉬운 것

잠깐 멈춤

행복은 무엇일까. 나는 늘 행복을 좇았다. 책 시작이 행복에 대한 이야기라니, 이 단어가 너무 식상하다 보니 이렇게 글을 시작하는 나도 괜찮을까 하는 의심이 든다. 하지만 행복하고 싶거나 자신만의 길을 찾고 싶어서 잠시라도 이 페이지를 읽고 있는 당신은 나와 인연이 닿아 있으니, 나는 그것만으로 좋다.

어떤 사람들은 행복을 목표로 삼고 살아가거나, 누군가는 어떤 성취를 하거나 무언가를 가지면 자신은 행복해질 거라고 말한다. 하지만 행복을 느끼는 게 너무 어려운 세상인 것 같다. 그렇게 거창

한 것이라면, 나는 포기하고 싶단 생각도 든다. "너 요즘 행복해?"라고 물으면, 아주 당당하게 "응! 나 행복해!"라고 말하는 사람은 찾아보기 어렵다. 내 주위 사람들만 그런 건 아니길 바란다.

사실 이건 내 이야기이다. 나는 40년을 넘게 살아오며 어린 시절부터 누가 내게 행복하냐고 물으면, "응. 뭐, 괜찮아. 딱히 나쁜 것도, 좋은 것도 없어. 사는 게 그렇지 뭐. 다들 이렇게 사는 거 아니야?" 이런 식의 애매모호한 답을 하곤 했다. 그런데 지금 누군가 내게 행복하냐고 묻는다면 나는 당당하게 답할 수 있다. "응. 난 요즘 참 행복해. 사는 게 재밌다!"

혹시 당신이 행복하지 않다면 행복이라는 단어를 오해하고 있는 건 아닌지 확인해 보면 좋을 것 같다. 어떤 전문가들은 우리가 추상적인 단어를 자신만의 특정한 의미로 정의해 두지 않기 때문에 더 허구의 것에 매달린다고 한다. 나는 주로 어떤 실천도 하지 않으며 자기계발서를 읽기 좋아했다. 그것만으로 내가 성장하는 느낌이 들기도 했기 때문이다. 하지만 언젠가부터 내가 느끼는 대다수 자기계발서의 핵심은 행동이었다. 그래서 하루는 나도 행동해 보기 위해 나만의 행복이 무언지 정의해 봤다. 예전의 나에게는 아니었겠지만, 지금의 나에게는 **'순간순간의 기분 좋음'**, 이게 행복의 정의이다. 이 정의가 누군가에게는 받아들여지지 않을 수도 있다. 행복은 그런 사소한 게 아니라 그보다 뭔가 더 있을 거라고 할지도 모르겠다.

"고생 끝에 낙이 온다.", "인내는 쓰나 열매는 달다.", "고진감래"

라는 말처럼, 사람들은 고생하고 애를 써서 달성해야만 얻을 수 있는 것이 행복이라고 생각하기도 한다. 행복을 보상으로 생각한다. 낙과 열매는 즐거움이고, 오히려 행복보다는 쾌락과 더 비슷하다. 쾌락은 나쁜 것이 아니지만, 우리는 그 단어를 나쁜 의미로 자주 쓰는 것 같다. 하지만 쾌락은 욕구가 충족되는 데서 오는 즐거움이다. 사람마다 욕구가 충족되는 방법은 다양하다. 생활비를 쓰고 저축을 하고도, 따로 돈을 모아 갖고 싶던 차나 가방을 사서 기분이 좋다면, 그것도 쾌락이라고 할 수 있다. 행복과 쾌락 모두 만족감이라는 조건은 필요하다. 작은 만족감으로도 늘 비슷하게 좋은 느낌이 든다면 행복이라고 할 수 있고, 만족감이 점점 커져야 한다면 쾌락이라고 보는 게 맞을 것이다. 행복이 폭신한 잔디를 밟고 좋은 기분을 느끼는 것이라면, 쾌락은 잔디밭에서 네잎클로버를 찾아낸 기쁨이다. 그래서 행복은 아무런 행동 없이도 그저 마음을 어떻게 정하느냐에 따라 아주 쉽게 발견할 수 있다.

인생에서 쓴맛을 보면, 그다음은 단맛을 보게 된다. 그 순서가 늘 차례로 오는 것은 아니지만 계속 단맛만 있다면 그게 달게 느껴질 수 없다. 쓴맛과 단맛이 번갈아 온다는 건, 삶은 한군데 머물러 있지 않고 계속 변화한다는 의미이기도 하다. 꽃 피는 봄이 지나면 여름이 오고, 더위가 가면 가을이 오고, 알록달록한 잎들이 떨어지면 겨울이 온다. 그리고 겨우내 쌓였던 눈이 녹으며 다시 봄이 온다. 봄은 무조건 온다. 좋은 일이 있으면 나쁜 일도 온다. 봄날 길가에

핀 샛노란 개나리가 예쁘지만, 황사와 꽃가루가 우리를 괴롭히는 것처럼, 좋은 일도 나쁜 일도 그저 '나에게 어떤 일이 다가왔다. 다른 계절이 됐다.'고 생각하면서 살아가면 또 다음 계절은 분명히 온다. **긍정은 좋은 쪽으로 생각하는 것이 아니라 그럴 수도 있다고 받아들이는 것**이라고 한다. 새옹지마처럼, 좋다고 생각한 일이 다음 날은 나쁜 일처럼 보이기도 하고, 나쁘다고 생각한 일이 또 어느새 좋은 일이 되어 있다. 내게 다가온 일들에 좋다, 싫다, 잘됐다, 안됐다, 이런 판단들로만 가득 채우다 보면, 그 판단들에 매여 내가 없는 내 삶을 살게 된다.

애인과 헤어져 상실감에 빠져 있을 때, 친구가 내 손에 초콜릿 하나를 쥐여준다. 초콜릿에 "힘내!"라고 친구의 귀여운 손 글씨가 적혀 있다. 시험 결과가 생각보다 별로지만, '휴. 그래도 고생했다. 좀 쉬자.'라고 생각한다. 며칠 동안 추적추적 비가 내려 눅눅함에 우울하지만 창가에 잠시 서본다. 유리창에 물이 떨어지며 만들어 내는 물방울들이 돌돌돌 창을 따라 내려가는 게 예뻐 미소가 지어진다. 이런 소소한 아름다움은 내게 좋은 기분을 주고 가슴 근처를 묵직하고 따뜻하게 만든다. 나의 심장이 살아 숨 쉬는 걸 느끼는 순간이기도 하다. 그게, 행복이다! 순간순간 느낄 수 있는 기분 좋은 것들을 찾아보면 이미 행복의 미소를 짓고 있는 나를 알게 된다. 행복은 저 멀리, 저 높은 곳에 있는 것이 아니라 늘 내 가까이에 있으며, 발견하는 순간 느낄 수 있다.

이 순간순간의 기분 좋음을 느끼는 것은 영적 스승들이 말하는 "지금 이 순간을 살아라.", "현존", "알아차림" 등과 비슷한 것이라고 생각한다. 나의 의식이 현재에 있고, 지금 이 순간을 살면, 행복하다. 순간순간을 알아차릴수록 내 몸이 살아서 다양한 감각을 느낄 수 있음에 감사하게 되고, 내가 정말 많은 것을 가졌다는 것을 알게 되어, 결국 또 행복하다.

　바쁘게 지내는 게 좋은 것이라고 믿고 살아오던 나는 나 자신에게 집중하며 살았던 적이 많지 않았다. 우리 눈은 자신의 안을 들여다볼 수 없게 돼 있다. 그래서 늘 보던 바깥의 것들, 즉 나 이외의 것들의 세상에서 잠시 떨어져 내 안을 느껴보는 시간이 필요하다. 그렇게 자신에게 집중할 시간이 필요한데, 나는 그중 산책을 가장 좋아한다. 산책은 움직이며 하는 명상이라고 한다. 많은 사람들이 정의하는 명상이란 알아차림인데, 알아차린다는 게 생각보다 쉽지는 않다. 그래서 나는 느릿느릿 긴장을 풀고 걸어 다니며, 일명 멍 때리는 시간을 갖는다. 여러 가지 생각이 떠오르지만 아무래도 자연을 보고 있으면, 화사한 꽃 색깔에, 지저귀는 새소리에, 새하얀 뭉게구름에 저절로 관심이 가고, 늘 하던 생각에서 벗어날 수 있다. 혹은 어떤 것에 몰입하는 것도 명상과 같은 것이라고 생각한다. "이런 모습이 나야! 내 생각이 맞아."라고 고집하는 에고에서 벗어나 있는 상태가 되면 되는 것이다. 알아차리거나 몰입하는 상태, 그 상태에서는 우리가 행복해지기 쉬워진다. 하지만 산책조차도 쉽지 않은 사람들에게 하루에 딱 한 번이라도 의도적으로 잠깐 멈추는 것을 제안하고 싶다. 자꾸 잊어버릴 수 있지만, 5초, 10초부터 시작해서 크게 숨 쉬어보기, 잠깐 동안 멍하니 있기, 창밖 보기, 몸에 힘쭉 빼기, 거울 보며 나한테 인사해 보기와 같은 것들을 해보는 것이다. 의식적으로, 일부러 신경 써서. 그렇지 않으면 내 무의식은 나도 모르게 내 삶을 조종한다. 되는대로 살게 된다.

아주 작은 것들

"고맙습니다. 사랑합니다. 고맙습니다. 사랑합니다…." 운전할 때 이렇게 중얼거리는 게 습관이 됐다. 이 말이 내 삶을 지켜주는 어떤 주문이라도 되는 것처럼 집요하게 외곤 한다. 행복해지기 위해 이미 많은 사람들이 알고 있는 뻔한 이야기, '감사하기'이다. 뻔하다는 건 그만큼 중요하다는 의미로도 볼 수 있다. 감사하기로 우리 삶이 변화한다는 것은 과학적으로도 증명된 사실이다. 그런데 이 감사의 마음을 떠올리기가 생각보다 쉽지 않다. 하루, 이틀은 하지만, 며칠 지나면 '이런 것들에 감사하는 게 맞나? 이제 더 이상 감사할 게 없어. 감사는 무슨! 남들 다 갖고 있는 것들.'이라는 생각도 들곤 한다. 그런데 놀랍게도, 남들이 다 갖고 있지 않다.

어릴 때 부모님께서는 "못난 사람들이랑 비교하면서 살 거니? 잘난 사람들과 비교해야 네가 더 성장하지."라고 말씀하셨다. 그래서 무언가를 갖지 못한 사람, 나보다 무언가를 못한다고 생각되는 사람은 자연스럽게 무시하거나 불쌍하고 안됐다고 생각했다. 그리고 더 많이 가진 사람들, 무엇이든 나보다 더 잘해 보이는 사람들의 것들을 바라보고 원하게 됐다. 우리가 매일 보는 TV에 나오는 대다수의 사람들은 훌륭한 외모나 전문적 지식을 갖춘 사람들, 사람들에게 재미나 감동을 주는 재능을 가진 사람들이다. 하지만 그들의 비치지 않는 모습들도 아름답고 풍요롭고 행복할지 한 번쯤 생각해 볼 문제이다. 우리는 겉으로 드러나는 좋아 보이는 것들에 익숙해져 있다.

 나는 가족들의 사랑을 받으며 부족한 것 없이 자랐다. 지금은 다른 나라에 살고 있는데, 여기에서 보니 한국에서 누리던 당연한 것들이 없는 경우가 흔하다. 디지털 도어록이 흔치 않아서 쇠 냄새 나는 열쇠를 가지고 다녀야 하고, 지하철역마다 당연히 있던 공공화장실도 없으며, 한국보다 빠른 행정 처리는 세상 어디에도 없다. 또 낯선 문화와 한국어만큼 편하지 않은 외국어 실력은 나를 더 작게 만든다. 타국에서 남자를 만났지만 헤어졌고, 엄마인 내가 내 아이를 매일 돌볼 수 없는 상황이다. 나는 이 쪼그라든 삶에서 다시 어깨를 펼 힘이 필요했다.

 그간 괴로운 마음에서 벗어나기 위해 엄청 애쓰며 살았지만, 돌아보니 어쩌면 큰 노력이 필요하지 않았을지도 모르겠다는 생각이 든다. **아주 작은 것들에 대해 감사하는 마음을 가지는 것.** 그저 이 마음을 가지면 된다는 것을 알았다면 몇 년간의 모진 삶에서 아주 쉽게 발을 빼냈을 것이다. 물론 그 전에, 그런 삶에 빠져 허우적대지도 않았을 테지만. 하지만 이 간단한 한 문장을 받아들이는 데 사람들은 나처럼 많은 시간과 노력을 들이기도 한다.

 우리가 가진 모든 것은 어떤 것도 당연한 것이 없다. 비교는 권장하지 않지만 그럼에도 감사가 너무 어려울 때는 나보다 부족해 보이는 사람들과 비교해 보라고 말하고 싶다. 우리는 모두 완전한 존재이고, 그 비교하는 마음이 우리를 괴롭게 만들기 때문에 비교는 좋지는 않다. 하지만 늘 감사하는 마음을 지니는 습관을 들이기 위해 이런 방법이라도 써보자는 것이다. 내가 가진 눈, 코, 입과 잘 움직이는 팔, 다리에, 먹고 싶은 것을 먹을 수 있고, 따뜻하게 잘 수 있는 이불이 있음에, 책을 읽을 수 있는 능력이 있고, 편리한 휴대폰과 인터넷을 쓸 수 있으며, 버스와 지하철을 탈 수 있는 것 등등, 평상시 당연히 여기던 것들을 잠깐 멈춰 생각해 보면 감사할 거리를 끝없이 찾을 수 있다. 내게 주어진 모든 것이 감사할 거리다. 나의 이웃 중에는 전쟁 중인 우크라이나에서 온 사람도 있고, 가난한 나라에서 와서 돈을 벌어 자기 나라로 용돈을 보내는 사람들도 있다. 그들은 가고 싶어도 조국에 갈 수 없고, 돌아가기를 꺼리기도 한다. 나는 비록 분단 중이지만 평안하고 부유한 우리나라에 언제든 갈 수 있어서 정말 감사하다. 특히나 이 시대의 한국이라는 나라는 정말 풍요롭고 가진 게 많은 나라이다.

내가 하는 것처럼 '감사합니다.'를 시도 때도 없이 중얼거리는 것도 도움이 된다. 나도 여전히 진심이 아닌 경우가 많지만, 아주 가끔이더라도 내가 하는 말대로 정말 감사하는 마음이 든다. 가슴 깊은 곳에서 지금 이 순간의 감사함이 우러나면, 그런 날은 운전하면서 흐르는 눈물을 주체할 수 없을 때도 있다. 그건 그 **감사함과 더불어 그것을 잊고 지냈던 것에 대한 미안함**이다. 지금 현재 내가 누리고 있는 이 순간은 늘 감사의 대상이다. 비가 오는 날, 차로 편히 출근할 수 있어서 고맙고, 점심때 먹을 도시락이 있어서 고맙고, 지구 반대편에서 이제 곧 주무실 부모님이 계셔서 고맙고, 딸의 존재가 고맙고, 오늘도 이렇게 부지런히 하루를 시작하고 있는 내게 고맙다. 나는 모든 것을 사랑하고 싶다는 마음도 있어서 '사랑합니다.'도 같이 중얼거린다. 감정이 깃든 날에는 가족과 지인들을 사랑하는 내 마음을 확인하게 되고, 지나가는 모르는 운전자들도, 도로의 표지판과 신호등까지도 모두 사랑하게 된다. 또 기분이 나쁜 날에는 억지로 중얼거리다 보면 마음이 조금 누그러진다. 가끔이라도 내 진심을 확인할 수 있어서, 나는 이 습관이 마음에 든다.

감사할 거리를 찾는 게 어려운 건 자신도 모르게 불평, 불만을 하고 있기 때문일 수 있다. 자신은 긍정적이고 불평 같은 건 하지 않는다고 생각하고 있겠지만 하루만이라도 자신의 생각, 감정, 행동을 주의 깊게 보면 자신이 얼마나 불평과 불만이 많고, 그에 따라 어떤 불편한 느낌을 갖는지 알게 된다. 그래서 「불평 없이 살아보기」 챌린지[1]만으로도 많은 사람들의 인생이 바뀐다고 한다.

바쁜 와중에 잠깐 멈춰 자연으로 눈을 돌려보면 좋겠다. 흐르는 강, 꽃과 나무, 지저귀는 새, 하늘과 구름, 눈부신 햇빛, 별과 달, 비가 내린 후 생긴 물웅덩이, 어느새 무성히 자라 있는 잔디, 아니면 방 한구석에 자리한 화분이라도 무엇이든 자연을 10초만 바라보길 바란다. 보는 것도 지치고 힘들다면, 눈을 감고 가만히 주변의 소리에 집중해 보는 방법도 있다. 나는 잠깐 멈추는 그 순간, 우리 삶이 달라지기 시작한다고 믿는다. 매일 그렇게 하다 보면 늘 긴장하고 있던 우리 몸이 약간이라도 이완되고, 마음에 여유가 생기며, 내 생각과 행동을 알아차릴 수도 있다. 또 나도 모르게 감사하는 마음이 떠오르는 것도 발견하게 될 것이다.

내가 최근 몇 년간 알게 된 가장 좋은 말은 **"내가 먼저 감사함을 느끼면 감사한 일들이 나를 찾아온다."**는 것이다. 가능한 한 진실로 마음을 느끼며 감사하다 보면, 좋은 일들이 내게 일어나고 있다는 것을 알아차릴 수 있고 삶이 더 재미있고 행복해진다. 그게 늘 웃을 일만 있다는 뜻은 아니지만, 슬프고 힘든 날도 있어 더 재미있는 삶이라는 것을 알게 된다는 것이다.

습관

일상이 되는 행동 습관

매일 아침 6시에 일어나고, 이부자리를 정리하고, 이 닦고, 세수하고, 점심 식사 후에는 커피를 마시고, 잠들기 전에 잠시 책을 읽는 이런 것들을 나는 습관이라고 생각해 왔다. 하지만 지금은 그 습관의 범위가 더 넓다는 것을 알게 됐다.

우리는 대부분 매일 같은 생각을 하고, 비슷한 감정을 느끼고, 반복적인 행동을 하며 살아간다. 그렇게 똑같은 매일을 반복하면, 삶은 달라질 수 없다. 다른 씨앗을 심어야 다른 열매를 얻을 수 있다. 조 디스펜자의 『브레이킹 당신이라는 습관을 깨라』라는 책의 제목에서 알 수 있듯, '나=습관'이다.[2] **삶을 변화시킨다는 것은 내가 지금 가지고 있지 않은 습관을 만들어 가는 일이다.** 또 습관은 없어지는 게 아니라 바뀌는 것이라고 한다. 애인이 있을 때는 아침에 눈을 뜨면 애인에게 연락하는 습관이 있었지만, 헤어지고 난 후에는 아침에 눈을 뜨자마자 나도 모르게 핸드폰을 들었다가 '아. 맞다. 연락하면 안 되지.' 하면서 내려놓는다. 무의식적인 내 행동을 알아차리고, 아침마다 핸드폰을 집어 드는 대신 창밖을 보거나 바로 씻으러 가는 식으로 점차 다른 행동으로 바뀌면서 새로운 습관이 생긴다. 무의식적인 행동을 의식적으로 반복해서 통제하다 보면, 새로운 행동이 그새 익숙해진다. 그리고 그 행동을 무의식적으로 하고 있다는 건 다른 습관을 만들게 된 것이다. 그리고 새로운 습관을 만들기 위해서는 아주 작은 단위부터 시작하라고 한다. 정신없이 돌아가는 내 삶에, 잠깐 10초만 멈추고 큰 심호흡을 해보는 것처럼.

성격이 되는 감정 습관

나는 남들 앞에 당당하게 나서고 자신감 넘치는 성격은 아니지만, 사람들과 쉽게 친해질 수 있는 편이고 혼자서도 잘 논다는 특징이 있다. 우리가 말하는 이런 성격적인 특징들도 습관이라고 할 수 있다. 어린 시절부터 부정적이라고 느껴지는 감정인 화, 짜증, 분노, 우울, 무력감 등은 어떻게든 바로 벗어나거나 마음속에 묻으라고 배웠다. 누군가가 말로 그렇게 하라고 가르친 것은 아니지만, 부모님께서 그렇게 하셨고, 학교나 사회에서도 그런 부정적인 감정들은 감추기를 바랐다. 그런 감정을 표현하면 혼이 나곤 했다. "어디서 소리를 질러? 왜 화를 내니? 짜증 내지 마! 네가 뭘 잘했다고 우니!" 이런 이야기는 대부분의 사람들이 들어봤겠지만, 나는 화를 감추고 억누르는 방법을 택했다. 불편한 감정이 표정에 드러났겠지만 화를 내거나 예의 없는 행동을 하지는 않았다. 겉에서 보기에는 예의 바르고 유순하고 관대한 사람이었다. '괜찮아.'는 속으로든 겉으로든 내가 가장 많이 하는 말이었다. 그리고 그렇게 **괜찮다 하면, 안 좋은 마음이 없어지는 줄 알았다.** 부정적인 감정이 생기면 마음 깊이 묻어놓는 패턴이 생겼고, 그 패턴이 오래 반복되면서 감정을 억누르는 것이 습관이 됐다. 이렇게 어떤 상황에 대한 반응들로 만들어진 감정처리 습관들을 사람들은 내 성격, 특징이라고 부른다.

부정적인 감정을 다루는 방법은 사람마다 다르다. 울고 나서 마음이 편안해지는 것을 몇 번 경험하면 일이 잘 안될 때마다 울보가 될 수 있고, 소리 지르는 것으로 화를 풀어내고 속이 시원하다고 느꼈다면 화가 날 때 소리 지르는 습관이 생겼을 수 있다. 공감해 주는 사람에게 자세하게 이야기하는 게 좋다고 느껴졌다면, 자신의 모든 사소한 이야기를 남들에게 말하는 수다스러운 성격이 됐을지도 모른다. 주변 사람들에게 충분히 공감을 받고 자랐다면 부정적인 감정도 두려워하지 않고 받아들이고 풀어낼 수 있는 성숙한 감정을 갖고 있을 수도 있다. 우리가 겪는 어려운 사회생활의 대부분은 일보다는 인간관계에서 온다. 어릴 때부터 주어진 상황에 내가 어떤 반응을 선택했는지가 우리의 인간관계와 삶을 좌우한다.

사회생활에서의 내 성격은 특별히 문제가 되지 않았고 오히려 사람들과 사귀기 편했다. 마음에 들지 않는 사람과는 내가 조절해서 부딪힐 일을 줄이거나, 그런 상황을 차단할 수도 있었다. 하지만 결혼을 하고 배우자와 문제가 생기니 짧은 시간 동안 내 안에 나쁜 감정들을 풀어낼 시간이 없이 쌓여만 간다는 것을 알게 됐다. 그리고 무엇보다 나는 건강하게 감정을 표현하는 방법을 잘 몰랐다.

믿음이 되는 생각 습관

우리가 순간순간 하고 있는 생각들은 자기 자신의 의도대로 하는 걸까? 내가 옳다고 생각하는 그 믿음이 정말 옳은 건가? 100% 확실히 옳다고 할 수 있을까? 과거에 어딘가에서 듣고, 읽고, 배우고, 경험을 거듭하면서 점점 강력해진 생각들은 나의 믿음, 신념으로 내 안에 자리하게 된다. 그건 내 삶을 지탱하는 뿌리이다. 나의 가족, 친구, 지역, 사회, 국가, 종교, 날씨, 음식, 책, 미디어, 나에게 매일 일어나는 사건 등등 나를 둘러싼 모든 주변 환경은 나를 '지금의 나'로 만들었다. 환경이 내게 입력한 것들이 나이고, 우리는 일종의 프로그래밍된 컴퓨터이다.

 쌍둥이로 태어나 늘 같이 지내고 자랐더라도, 각자의 취향과 선택에 따라 노는 방식, 관심 분야가 달라지고, 만나는 친구나 하게 되는 경험도 모두 다르다. 어린 시절 우리 언니는 학교에서 인기도 많고 늘 반장을 하던 똑똑한 학생이었다. 나는 그에 비해 언제나 평범함을 유지했다. 특별히 잘하는 것도 못하는 것도 없었지만 우리 집에서 나는 조금은 못난 아이였을지도 모르겠다. 아빠는 내게, 늦되는 아이가 있다고 말씀하셨다. 피는 시기가 다 지난 나무에 혼자 늦게 피는 꽃도 있다. 나는 늘 그렇게 믿었다. '나는 좀 느린가 보다. 괜찮아. 그럴 수도 있지.' 이게 내게 도움이 되는 믿음인지 아닌지 잘 모르겠다. 나는 무능하다는 믿음을 갖고 있던 것이고, 한편으로는 곧 꽃이 피어날 거라는 희망으로 지내기도 했기 때문이다. 그렇게 평생 '나는 늦되는 아이'라는 꼬리표를 달고 살았고 그렇게 내가 들었던 말은 내 생각이 됐고, 자주 생각하다 보니 믿음이 됐다.

 하지만 봄에 피는 꽃이 있고, 가을에 피는 꽃도 있고, 낮에 피는 꽃이 있고, 밤에 피는 꽃도 있다. 나는 한국에서 괜찮은 대학을 졸업했고, 많은 사람들이 가고 싶어 하는 직장에서 일도 잘 해냈다. 하지만 학교를 졸업하자마자 취업을 하지 못했고, 결혼과 출산도 또래 친구들보다 꽤 늦게 했다. 그 시기를 지나오면서 나는 늘 '후…. 나는 늦되는 아이니까, 나도 곧 할 수 있을 거야.'라고 생각했다. 하지만 **나는 늦은 게 아니라, 내게 적합한 시기에 하게 됐던 게 아닐까?** 나한테는 그만큼의 시간이 필요했고, 딱 맞는 시기에 적합한 장소에서 만나야 할 사람들을 만나고 헤어지는 그런 경험들을 한 건 아닐까? 어떤 것도 알 수 없다. 100% 확실한 답은 없다.

아주 강력한 믿음 중 하나가 종교적 믿음이라고 생각한다. 나는 종교가 없지만 교회, 성당, 절에 모두 다녀봤고, 불교에 가장 가까운 가정환경에서 자랐다. 하지만 어릴 때부터 뭔가 바랄 때는 하느님, 예수님, 부처님 모두를 찾으며 기도하곤 했다. 기도라는 것이 뭔가 바라는 것을 신께 비는 것이라고 믿어왔기 때문이다. 하지만 지금은 기도가 그런 것이 아니라고 알고 있다. 법륜스님께서 기도는 자기암시라고 하셨다. 그래서 이미 현재 그 상태인 것처럼, '감사합니다. 저는 편안합니다.'라는 식으로 기도하는 것이라고. 이건 영성가나 자기계발서에서 말하는 확언과 다르지 않다.

어릴 때 여러 성인들께 기도드려서인지 종교적인 내용에 특별히 거부감이 없는 편인 것 같다. 좋아하는 뮤지컬 「벤허」에는 '골고다'라는 넘버가 있다.[3] 예수님께서 골고다 언덕에서 온갖 조롱을 받으며 십자가를 지고 가시는 중, 벤허는 예수님을 찾아가 유대의 왕이 되어 자신들을 구원해 달라고 한다. 예수님께서 자신이 유대의 왕이라고 하면, 그를 조롱하고 학대하던 수많은 사람들은 예수님의 말씀을 듣게 될 것이었다. 하지만 예수님께서는 자신을 학대하는 그들을 그저 용서하라고 말씀하신다. 나는 그 장면에서 순간 감당할 수 없는 눈물이 나왔다. 이것이 사실이든 그저 허구의 내용이든, 예수님의 사랑이 어떤 것인지 처음으로 느끼게 됐기 때문이다. '아 저렇게 큰 사랑이 있구나. 저런 큰일을 당해도 용서하는 게 사랑이구나!' 나는 최근에서야 모든 종교의 근본이 사랑이라는 것을 알게 됐다. 나는 종교를 잘 모르지만, 사람들에게 마음의 평온을 주고 사랑을 북돋는 역할을 하는 좋은 점도 많다고 생각한다. 또한 어떤 종교인지와 상관없이 사랑을 실천하며 사는 사람들을 보면 존경스럽고 가슴이 뭉클하다. 하지만 말로 표현할 수 없는 큰 사랑에 종교라는 틀을 씌우고, 사람들을 심판하고, 믿음을 강요하는 것은 슬프다는 생각이 들었다. 이 시대는 대부분의 나라에 종교의 자유가 있지만, 그럼에도 그들이 자유롭고 행복해 보이지는 않기 때문이다. 과연 자신의 종교를 깊은 이해와 함께 자신의 의지로 선택한 사람이 몇 명이나 될까?

내가 일하는 곳의 동료 중 한 명은 이스라엘에서 온 유대인, 한 명은 스리랑카에서 온 개신교인이다. 유대교와 기독교의 가장 큰 차이는 예수님을 메시아로 보느냐 마느냐 하는 문제라고 한다. 나는 일을 하면서 이것을 주제로 하는 자그마한 종교전쟁을 자주 접하곤 한다. 같은 뿌리의 종교임에도 믿음이 꽤 다르다. 그 믿음 중 어떤 것이 옳고 그른지 어느 누구도 알 수 없지만 자신들의 믿음만

이 옳다고 주장한다. 옳고 그름이 과연 있을까. 그들은 그저 그렇게 듣고, 배우고, 생각했고, 매일 자신의 신께 기도했다. 그렇게 반복된 생각은 강력한 믿음이 된다. '저렇게 믿음이 강하니 그 참혹한 종교전쟁이 나는구나.' 싶었다. 그런 강력한 믿음에 물음표를 던지는 것은 정말 어려운 일이다.

 우리에게는 또 하나의 강력한 믿음이 있다. 어린 시절부터 흔히 들어오던 말, "너는 아빠 닮아서 키가 더 크겠다.", "너는 엄마 닮아서 공부 잘하겠네.", "눈 나쁜 건 우리 집안 내력이라 어쩔 수 없어." 흔히 이런 믿음을 갖고 있다. 하지만 지금은 후성유전학의 시대이고, 후성유전학에서는 DNA가 우리 인생을 결정하는 것이 아니라고 한다. 물론 방 불을 켜고 끄듯 쉽게 유전자 발현 스위치를 조절할 수 있는 것은 아니겠지만, 점점 밝혀지고 있는 의학적 사실들에 관심을 가질 필요는 있다. 보통 일란성 쌍둥이는 DNA가 같고 아주 똑같이 생겼지만, 크면서 점차 다른 삶을 산다. 환경이 개개인의 유전자 발현에 영향을 주기 때문이다. 쉽게 말해 자기 스스로 암세포 유전자의 스위치를 켤 수도 있고 끌 수도 있다. 그리고 우리가 지니고 있는 DNA와 유전정보(어떤 유전자의 스위치를 켤지, 끌지)를 자식에게 물려줄 수 있다고 한다. 그렇다면 나 자신을 위해, 그리고 내 아이들과 그 아이들을 위해 나는 나 스스로에게 좋은 환경을 제공해야겠다는 생각을 한다. 물론 물려준 유전정보와 환경을 후손들이 스스로 어떻게 관리하느냐에 따라 달라지겠지만 나는 내 아이에게 가능한 좋은 것을 주고 싶다.

또 비슷하게, '나이 들어서 무슨 공부야. 이제 늙어서 머리가 안 돌아가. 나는 수학 못해. 나는 그런 일에는 소질 없어.' 이런 믿음도 흔하다. 하지만 우리의 뇌는 우리가 몸의 근육을 키우는 것과 같이, 필요한 것, 쓰는 것은 더 발달시키고, 불필요한 것, 안 쓰는 것은 퇴화시킨다. 의미 있는 반복을 하다 보면, 시냅스의 연결이 더 강화되고 신호전달속도도 더 빨라진다고 한다. 나이 들어 공부하는 것은 불가능한 것이 아니다. 처음에는 힘들 수 있어도 하다 보면 젊은 사람들처럼 빨라질 수 있고, 그들이 가지지 못한 지혜가 있기 때문에 오히려 더 좋은 방향으로 뇌가 발달할 수 있다. 이렇게 타고나서 어쩔 수 없다고 단념하지 않길. 나는 할 수 있다고 반복적으로 생각하고 그렇게 믿고 행동하면 된다. 희망에 찬 이야기가 아니라 후성유전학과 뇌 신경가소성이 증명해 주고 있는 것이다. 그래서 우리는 쉽게 나의 가능성을 차단하거나, 다른 사람의 가능성을 마음대로 평가하면 안 된다. **사람은 누구나 엄청난 가능성을 갖고 있다.**

두려움이 되는 느낌 습관

나는 우리 느낌에는 좋음과 좋지 않음이 있다고 생각한다. 좋은 느낌은 편안함, 사랑이 있는 상태. 좋지 않은 느낌은 편안하지 않음, 두려움이 있는 상태. 그리고 이 두려움을 느끼는 상태에 빠지는 것 또한 습관이다.

세상이 심는 두려움

어느 날 밤, 3살인 딸아이가 숨쉬기가 답답했는지 잠결에 코를 만졌나 보다. 자면서 이상한 것을 느낀 아이는 옆에서 자고 있던 나를 깨웠다. 불을 켜보니 아이 손가락에 피가 묻어 있고, 얼굴과 베개, 그리고 침대 한쪽이 온통 피로 얼룩져 아이도 나도 꽤나 놀란 적이 있다. 그 이후로 아이가 코를 파려고 하면 "하지 마. 안 돼. 그러다 또 코피 나."라고 했다. 그리고 며칠 후 아이는 나에게 이렇게 말했다. "엄마, 코피는 나쁜 거야. 그렇지?"

사실 나는 코피가 나쁘다고 생각하지는 않는다. 단지 손빨래가 귀찮고, 혹시 콧속에 크게 상처가 날까 걱정하는 것뿐이다. 코를 만지지 않아도 코피가 나는 경우도 있고, 몸 안의 나쁜 피가 나오는 거니 괜찮다는 말도 들은 적이 있다. 그리고 나도 어린 시절 덩어리진 코피를 꽤나 많이 흘렸지만 건강에 문제가 되지 않았다. 내가 무심코 하는 말, 걱정이 앞서 하는 말들이 아이에게 큰 영향을 미친다는 것을 느낀 순간이었다. '내가 아이에게 두려움을 심어주고 있구나.' 코피가 나쁜 거라고 단정 지으면 코피를 흘리면 기분이 안 좋아질 것이고, 평상시에도 코피가 날까 봐 걱정할 수도 있다. 아이에게 이왕이면 좋은 영향력을 주는 말을 어떻게 할 수 있을까 고민했다. 생각해 보면, 코를 파면 안 되는 것도 아니고 나쁜 것도 아니다. 단지 그 행동이 과하면 코피가 날 가능성이 높아지는 것뿐이라고 생각한다. 그저 아이에게 "코 파지 마! 그럼 안 된댔지!"보다는 알아듣든 못 알아듣든 조금 길더라도 자주 설명하는 게 좋겠다는 정도의 결론을 냈다.

이렇게 우리는 별것 아닌 일들로도 가족들에게 두려움을 물려받는다. 부모님은 아이를 걱정하는 마음에 여러 가지 주의를 준다. 그 전제는 사랑의 마음이지만, 어쩌면 우리가 잘못 알고 있는 사랑의 방법은 아닌지 고민해 볼 필요도 있는 것 같다. 대화를 하다 보면, 그들의 경험과 자신만의 믿음에서 쏟아져 나오는 조언들을 정말 많이 듣는다. '현실적'이라는 단서를 달고 다정하게 사랑의 말로 이야기한다. 대부분 그렇게 듣고, 믿고, 자라왔기 때문에 그게 옳은 방식이라고 생각하는 것이다. "그거 어렵대.", "그거 하면 안 좋대.", "그렇게 살면 안 된다.", "이건 꼭 해야 돼.", "뭐 그런 생각을 하니?" 하지만 이런 말들은 강요와 판단이다. 스스로 생각해 볼 여지를 주지 않는다. 좋은 이야기도 많지만, 그만큼 두려움을 심어주는 이야기도 많다.

또 책이나 영화, 미디어를 통해서도 매일 두려움을 전달받는다.

전 세계의 다양한 뉴스, 광고(공익광고 포함), 각종 정보프로그램 등등. 우리는 그 수많은 이야기와 정보에서 **자신의 삶을 원하는 방향으로 이끌어 가는 데 유용한 정보를 골라내는 연습이 필요하다.** 그런데 온갖 정보가 우리를 계속 자극하고 그 양이 넘쳐나 골라내기가 쉽지 않다. 언젠가부터 나는 뉴스를 거의 보지 않는다. 해외에 살고 있는 데다가 주로 3살 아이와 대화를 하기 때문에 문제가 되지는 않는다. 최근 몇 년간은 내 삶만으로도 꽤나 부담이 돼서 자연스레 미디어에 관심을 접었다. 내 삶의 방식이 옳다는 것은 아니지만 마음은 참 편안하다. 그리고 중요한 뉴스는 결국 어디서든 듣게 된다. 정보의 홍수, 과도하게 무엇이든 알아야만 하는 삶은 우리를 쉽게 지치게 만든다. 내 삶에 두려움과 걱정을 줄이고 조금 더 편안한 마음으로 지내기 위해, 부정적인 생각이 많은 사람들이나 미디어의 영향을 조금 줄여보는 것은 좋은 방법이다.

사랑받지 못할 것에 대한 두려움

우리나라 사람들은 참 착하다. 나도 착하다는 말을 많이 들었고 배려를 당연하게 생각했다. 그런 칭찬과 행동은 나를 기분 좋게 만들기 때문이다. 그런데 그간 해왔던 배려가 나에게도 상대방에게도 그다지 좋은 결과를 주지 못한다면, 그 배려가 어떤 의미가 있을까? 그저 사랑에서 우러나온 배려였다면 완벽하고 따뜻한 삶이었겠지만, 혹시 서로를 부담스러워하고 있던 것은 아닌가 하는 생각이 든다. 하지만 우리는 자신도 모르게, '내가 이런 행동을 하면, 저 사람이 나를 좋아하겠지? 미워하지 않겠지? 나를 좋은 사람이라고 생각하겠지?'와 같은 생각들을 늘 하고 있다. 그리고 상대방의 생각을 가늠해서 그 가늠한 생각에 맞춰 행동하면서 배려라고 한다. 우리는 타인의 시선과 평가를 지독히도 무서워하기 때문이다. 그건 사랑이나 인정을 받지 못할 것에 대한 두려움이다.

사랑받고 인정받는다는 것은 나 자신 그대로 받아들여지는 것을 말한다. 아기들이 존재 자체만으로 사람들에게 기쁨과 사랑을 주는 것처럼. 하지만 우리는 크면서 나 자체로 받아들여지지 않는 경험들을 하다 보니, 성적, 학벌, 직업, 부, 명예 등의 조건들로 나를 인정받고 싶어 한다. 그 과정에서 우리가 성장하기도 하지만 스스로를 미워하기도 한다. '나는 왜 못할까? 대체 왜 실수를 한 거야! 그것밖에 못 하냐!' 하며 자책한다. 그런데 서울대에 못 갔다고 부모님께서 나를 버리실까? 이번에도 취업을 못 했다고 내가 못난 사람일까? 그 사건만 몰입해서 보면, 정말 그런 생각이 들 수 있다. 하지만 한 발짝 떨어져서 내 이야기를 뉴스에서 본다고 생각해 보면, 혹은 어떤 책의 주인공 이야기를 읽는다고 생각하면, 가슴 아파 같이 울어줄 수 있고 '그럴 수도 있지.'라는 생각이 든다.

우리는 가정과 학교에서의 교육을 통해 사랑이 아닌, 사회화를 배웠다. 어떻게 사랑을 나눌 수 있는지가 아니라, 어떻게 하면 사람들에게 미움을 안 받고 피해를 안 줄 수 있는지에 대해 배운 것이다. 우리가 사람들과 관계를 맺고 살아가는 데 있어 사회성은 당연히 필요하다. 하지만 마음에서 우러나온 사랑과 배려가 아니라 상처받지 않기 위한 방어의 태도를 전제로 각자의 개성을 무시하는 사회화가 이뤄졌다. 타인에게 받는 인정과 사랑이 없으면 안 되는 것처럼 배워왔다. 가끔 아이들은 어른들이 보기에 엉뚱한 행동을 한다. 딸아이는 온 손에 물감을 꼼꼼히 다 칠하고 와서 새파란 손을 내게 자랑스럽게 보여준다. 자신이 원한 것을 스스로 해냈으므로. 그렇게 만족스럽고 자랑스러운 얼굴을 한 아이에게 "야! 그게 뭐야! 당장 씻어!"라고 말할 수는 없다. 그래서 어린 시절에 우리는 부모님 마음에 들지 않아도, "아유, 그래, 잘했네."라는 평가를 받는다. 하지만 아이가 조금 커서 어른들과도 대화가 충분히 된다고 생각이 들면 어른들의 태도는 급변한다. "네가 애야? 이제 그런 것 그만해!" 그렇게 아이들은 예전에는 칭찬받고 인정받은 똑같은 행동에 대해 비난받고 사랑받지 못하는 경험을 한다. 그렇게 혼이 날 것 같은 상황들을 줄여나가며, 눈치라는 것이 생긴다. 그런데 요즘 사람들은 눈치 보지 않고 소신껏 행동하는 사람들을 자존감이 높다고 부러워한다. **자존감이 높은 그들은 다른 사람들에게 사랑받지 못할 것에 대한 두려움이 적다.** 그들은 자신을 있는 그대로 사랑하면서, 남들을 똑같이 존중하고 사랑하는 마음을 갖고 있다.

두렵다는 생각에 대한 두려움

나는 결혼생활이 힘들었고, 아이 아빠와 헤어지면서 몇 달간을 내 마음을 들여다보고 이제는 과거를 버렸다고 생각했다. 하지만 괜찮은 것 같다가도 며칠 뒤 그 생각이 다시 떠오르면 급격히 우울해지거나 눈물이 났다. 동시에 미래도 떠올렸는데 아이가 나를 낯설어하는 장면이었다. '아이가 커서 날 무책임한 엄마라고 하면 어쩌지. 아이가 날 사랑해 주지 않으면 어쩌지.' 그런 두려움은 나를 무기력하게 만든다. 나는 이혼을 위해 2년 넘게 별거 중이며, 4살이 돼가는 딸아이는 아이 아빠와 번갈아 가며 돌보고 있다. 막 두 돌이 지난 때부터 아이를 2주에서 3달씩 아빠에게 보낼 수밖에 없었고, 지금은 아빠가 돌보며 유치원을 보내고 있다.

나를 불편하게 만드는 작은 상상들은 생각하기도 싫은 괴로운 장면으로 끊임없이 이어지고 부풀려진다. 그렇게 두려움을 느끼는 시간 동안 나는 아이가 지금 내 옆에 없다는 것을 더 느꼈고, 아이 아빠를 원망했다. 나는 꽤 씩씩하고 긍정적이고 안 좋은 일은 금방 잊는 사람이라고 생각했지만, 아이와 관련된 일 앞에서는 늘 무너지는 느낌이었다. 그러다 하루는 '내가 생각 속에서 계속 과거를 반복하고 있구나. 일어나지도 않은 일을 걱정하고 있구나. 실체도 없는, 생각을 두려워하고 있었어.' 하고 알게 됐다. '나는 두렵다.'는 생각을 두려워하고 있었다. 그 생각이 두려워서 자꾸 기분이 나빠졌다. 지금 이 순간이 아닌, 과거의 기억과 미래의 걱정이라는 생각을 반복적으로 두려워했다. 심지어 기억은 조작되기 쉽고, 사건을 바라보는 시각에 따라 다르게 기억된다. 또 걱정은 일어날 가능성이 얼마인지 파악하기도 힘들다.

  나는 아이 아빠와 소통이 어려웠다. 그래서 나는 **건강하게 소통하는 삶과 진심으로 웃고 사는 모습을 보여주는 것이 아이에게 가장 큰 선물**이라고 생각했기 때문에 이혼을 결심했다. '내 생각이 두렵다는 느낌을 계속 만들어 내고 나를 조정하고 있어. 그렇다면, 나는 기분 좋아지는 생각만 해볼래. 명랑하게 살자!'고 다짐했다. '기분 나쁜 생각이 떠오르면, 다정하게 마주 보고 웃고 있는 나와 아이 얼굴만 생각하자. 아이의 존재만으로 감사하자. 억지로라도 입가에 미소 지어보자. 내가 다른 것들은 통제할 수 없어도, 나 자신은 통제할 수 있어.' 우리는 그렇게 할 수 있다. 그리고 누가 봐도 나는 아이가 없는 시간에도 잘 지냈다. 하지만 꽤 오랜 시간이 지나 그런 통제는 오래가지 않는다는 것을 알았다. 내가 내 진짜 마음은 돌보지 않고 억지로 시키고 있어서, 내 안의 또 다른 나는 조용히 반항하고 있었다.

사랑의
상실

오만한 마음

30대의 나는 쿨함을 미덕으로 여겼다. 사회생활에 익숙해졌고, 책임져야 하는 가정 없이 혼자 살다 보니 경제적으로 편안했다. 하고 싶은 것들은 다 했고, 가족과 지인들에게 물질적으로 보답하며 뿌듯해했다. 다른 사람들이 불편하지 않게 거리를 뒀고, 예의도 잘 지켰다. 내 일은 잘 해냈고, 혹시 잘못하면 빠르게 인정하고 사과했다. 또 내가 어떤 서비스에 대한 돈을 지불했으면 그에 맞는 대가가 주어지는 것은 당연했고, 서비스가 부족했다면 차분하게 따져서 내가 생각한 정당한 몫을 챙겼다. 자본주의 사회에 살면서 당연히 해야 하는 행동이라고 믿고 있었기 때문이다. 내 행동에는 문제가 없어 보였고 인간관계에도 이상이 없었으며 특별히 나에게 불만을 제기하는 사람도 없었다. 나 스스로 잘 살고 있다고 생각했지만, 이상하게도 매일매일이 지루하고 삶을 버틸 이유가 없었다.

  몇 년 전, 마음이 참 작고 오만한 행동들을 했던 것을 기억하고 있다. 나는 어지간해서 화내는 일이 없고 꽤 평온한 편이지만 어느 날 출근길, 카페에서 화를 낸 적이 있다. 한 직원이 일을 갓 시작했는지 모르는 게 많았고 바쁜 아침시간에 나를 한참 기다리게 만들었다. 사실 나는 출퇴근 시간이 자유로운 회사에 다니고 있었지만, 내가 정한 시간까지 출근한다는 나만의 규칙을 깨는 게 화가 났다. 나는 사과를 하지 않는 직원의 태도가 마음에 들지 않았다. '일을 잘 못했으면 사과부터 하고 빨리 해결방법을 찾아야지, 왜 답답하게 눈치만 보고 있는 거지?'라는 생각에 화를 참지 못했다. 벌써 10년이 다 된 일인데 나는 그 기억이 또렷하다. 아마 그때 내가 잘못했다고 스스로 느껴서 마음에 깊이 남아 있는 것이 아닐까. 그때 나는 그 직원에게 사과를 요구했다. 그런데 나에게 그 사람의 사과가 꼭 필요했을까? 엎드려 절 받기. 억지로 받은 그 사과에 과연 내가 그 사람을 온전히 용서했을까? 그리고 그 사람은 어떤 잘못을 했지? 누군가 초보인 때가 있지만 내게는 그런 모습을 받아들일 여유롭고 따뜻한 시선이 없었다. 또한 진심이 없는 말뿐인 사과는 힘이 없다. 그러므로 상대방이 내게 사과를 하든 말든 그건 중요하지 않다. **내가 용서를 할 수 있는지 없는지가 중요할 뿐이다.**

또, 회사에서는 무엇보다 일 잘하는 게 제일 중요하다는 식의 능력우선주의 발언을 한 적도 있다. 친한 언니는 내 입에서 그 이야기가 나온 게 신기한 듯 주변 사람들에게 말하고 다녔는데, 옆에서 듣고 있는 나는 그 언니가 나쁜 의도로 하는 말이 아니라는 것을 알면서도 계속 마음이 불편했다. 우리는 일을 위해 일하는 게 아니라, 삶을 위해 일한다. 삶은 사람의 준말이라고 한다. 우리는 사람과 사람의 관계로 이어져 있다. 하지만 나는 사람들을 내 기준에서 판단하고 비난하고 내 인간관계목록에서 잘라냈다. 비록 마음속으로 한 것이지만. 그런데 오만하고 냉소적인 내 모습은 남들에게보다 나에게 참 잔인했다. 냉정한 잣대를 들이밀고 기준에 못 미치면 나 자신을 비난하고, 혐오하고, 벌을 주고 있었기 때문이다. 어쩌면 남들에게보다 더 가혹했을 것이다. 오만한 마음은 자존심만 세지고, 자존감은 낮아지는 길이다. 그 당시의 나를 조금 변명해 보면, 각박하고 치열한 경쟁사회에서 살아가기 위해 질척대는 느낌이 들던 사랑을 버렸었다. 일부러 버린 게 아니라 나도 모르게 사랑을 잃었던 것 같다.

존중하지 않는 관계

나는 애니메이션 「업」에서 서로 다른 모양의 소파 두 개가 있는 장면을 좋아한다.[4] 같은 목표를 향해 나아가지만, 서로의 다름을 존중하는 할아버지와 할머니가 참 예뻤다. 학창 시절 우리 집에는 엄마 취향의 가구들이 대부분이었다. 그래서 나는 내가 좋아하는 것들로 꾸민 나만의 공간을 갖고 싶었다. 하지만 부모님 댁에서 나와서 지낼 때나, 결혼 후에도 공간에 어울리지 않는 물려받은 가구를 썼고, 곧 이사할 테니 조금만 참고 지내자는 생각으로 내가 원하는 공간을 만들어 본 적이 없다. 돈이 충분할 때도 마찬가지였고 심지어 나는 대학에서 건축과 인테리어 공부도 했다. 아마도 나는 그런 데에 굳이 돈을 쓸 필요가 없다는 생각이 있었고, 그 이유는 나 스스로에 대한 존중이 없었기 때문인 것 같다. 타국에서 결혼을 하면서 나는 그 사람이 살던 집에 거의 몸만 들어갔다. 많은 것을 갖추고 있던 그 사람에게 고마운 일이지만 내가 좋아할 수 있는 나만의 공간을 갖지는 못했다.

스스로 자신을 존중하지 않으면, 다른 사람도 나를 존중하기 힘들다. 겸손함과 저자세는 다르다. 나와 남을 모두 존중하는 태도에서 내가 무언가를 내세울 필요가 없다는 것을 아는 게 겸손함이라면, 상대방이 나보다 힘이 세거나, 나이가 많거나, 가진 게 많다고 생각해서 상대를 높은 위치에 두고 나를 낮은 위치에 두는 것이 저자세이다. 저자세는 비굴해질 수밖에 없다. 그리고 내 태도를 보면 상대방도 바로 느낄 수 있고, 관계 안에 한순간에 서열이 생긴다. **나를 낮추지 않고, 상대를 높임으로써 겸손해질 수 있지만, 나는 그걸 알지 못했다. 그러므로 우리는 자기 자신을 가장 먼저 존중해야**

한다. 나를 향한 존중과 사랑을 잃으면 자신이 무엇을 진심으로 좋아하는지 알아차리기 어렵다. 나 자신에게 그런 것들을 알아차릴 여유를 내어주지 않기 때문이다. 하루는 작정하고 앉아서 내가 좋아하고, 기분 좋아지는 것들을 한참 써보았다.

- 아침에 새들이 지저귀는 소리에 잠에서 깨어나는 것
- 답답한 날, 혼자 길거리 벤치에 앉아서 빨대로 초코우유를 빨아 먹는 것
- 구름 가득한 하늘에 한 줄기 빛이 쏟아지는 것을 보는 것
- 파란 하늘에 뭉게구름이 동동 떠가는 것을 바라보는 것
- 따듯한 집 안에서 팔을 쭉 뻗어서 내리는 눈을 손에 잡아보는 것
- 강아지가 내 몸에 기대 곤히 잠자는 모습을 보는 것
- 고양이가 자는 모습을 몰래 사진 찍다가 눈 마주치는 것
- 집에 들어온 개미 한 마리를 한참 쫓아다니며 구경하는 것
- 아이가 장난감으로 차려놓은 식탁을 보는 것
- 혼자 흥얼거리다가 "이 음은 너무 좋은데!" 하며 감탄하는 것
- 손때 묻은 노트를 열어서 지난번에 써놓은 글을 읽어보는 것
- 언니랑 한자리에서 아이스크림 한 통을 다 퍼먹고 "아우, 너무 질려!"라고 말하는 것
- 드립커피를 내리며 올라오는 거품을 보고 있는 것
- 야채를 다듬고 있으면 뛰어와서 "엄마, 나 하나만!" 하고 손 내미는 아이를 보는 것
- 귀여운 이모티콘을 골라 보내는 엄마, 아빠의 메시지를 보는 것

- 일하는 곳에 어쩌다 새가 들어와서 지저귀는 소리를 듣는 것
- 꽉 막힌 도로에서 비가 그치고 잠시 떠오른 무지개를 발견하는 것
- 비 오는 날 기차 창가 자리에 앉아 유리창에 사선으로 흘러가는 물방울을 바라보는 것
- 아이들이 신이 나서 뛰어노는 걸 멀리서 지켜보는 것
- 엄마, 아빠가 다정하게 손잡고 산책하는 걸 보는 것
- 아이가 뭔가에 집중하고 있는 걸 보는 것
- 아이가 "엄마 사랑해!"라며 내 등에 매달리는 것
- 침대에 눕자마자 잠드는 아이를 보는 것
- 음정, 박자도 안 맞게 빽빽 소리 지르며 노래 부르는 아이를 보는 것
- 원하던 주차 자리가 딱 비어 있는 것
- 지나가는 사람과 웃는 얼굴로 마주치는 것
- 일부러 새로운 길을 찾아가 헤매는 것
- 친구들과 달달한 디저트와 함께 커피 마시는 것
- 그렇게 먹다가 창밖을 봤는데, 눈이 내리기 시작한 것을 보는 것
- 버스에 앉아 움직이는 다른 차들을 보는 것
- 버스에서 창밖을 보다가 길가에 핀 코스모스를 발견하는 것
- 밤새 눈이 소복이 쌓인 길을 새벽같이 나가서 맨 처음 밟는 것
- 아침햇살 받으며 걸어가는 출근길에 이제 막 꽃을 피운 노란 개나리를 보는 것
- 초록 잎들 사이사이 연녹색 아기 이파리들이 자라 있는 걸 보는 것
- 키우는 화분에 꽃망울이 생긴 걸 발견하는 것

- 아무 연락이 오지 않을 것이 확실해서 전화기를 멀리 두는 것
- 따듯한 차를 마시며 책에 집중하는 것

처음에는 어려웠지만 쓰다 보니 끝없이 쓸 수 있겠다는 생각이 들었다. 그리고 이 모든 것들이 참 소소하다는 것을 알았다. 좋아하는 것을 쓰다 보니 나의 행복리스트가 됐다. 자신이 편안하고 기분 좋은 게 언제인지 써본다면, **우리는 생각보다 작은 것들에 행복해한다는 것, 물질보다 마음이 풍요로운 걸 더 좋아한다는 것, 자신이 이미 행복할 이유도, 가진 것도 참 많다는 것**을 알게 된다. 그리고 감사의 마음은 저절로 따라온다.

나를 사랑한다는 착각

20대 중반부터는 내가 좋아하는 것들을 스스로 선택해서 해왔다. 10여 년을 좋아하고 몰두했던 여행과 뮤지컬은 내 삶을 탄탄하게 해주었다. 그 당시의 내가, 그 두 가지 좋아하는 것을 알고 있었다는 것은 정말 고마운 일이다. 그래서 나는 나를 사랑한다고 생각해 왔다. 어린 시절부터 부모님께서는 여행을 중요하게 생각하셨고, 우리 가족은 여행을 함께 자주 했다. 나는 어린 시절부터 길을 찾아다니고 걷는 것을 좋아해서, 혼자 여행할 때는 일부러 나를 낯

선 곳에 데려다 놓고 방황하게 만들었다. 새로운 것들을 찾아다녔고, 곧 새로운 길에 익숙해져서 숙소를 금방 찾아내는 것을 즐겼으며, 어딜 가나 나를 현지인이라고 생각하는 듯 내게 길을 물어보는 것도 재미있었다. 뮤지컬은 내게 인간본성에 대한 생각을 하게 만들었다. 나는 대학에 가기 전까지는 책을 거의 읽지 않았는데, 뮤지컬은 고전이나 명작들을 이해하기 쉽게 만들어 줬다. 열정적인 노래와 연기는 나를 몰입하게 만들었고 카타르시스를 느낄 수 있었다. 공연을 보고 나면 삶에 동력이 생겼고 행복했다. 당시의 나는 뮤지컬을 통해 의도치 않게 내 감정의 일부를 마주하고 해소한 것 같다는 생각이 든다.

하지만 마음 한편은 늘 허전했고, 나는 무언가를 기다리고 있었다. 나는 삶을 딱히 후회 없이 살았고 감사히 여기는 일도 많았지만, 행복하다고 말할 수는 없었다. 그리고 이제야 알게 됐다. 내가 좋아하는 것을 한 것들도 일종의 쾌락 추구였다는 것을. 그래서 **자신을 사랑한다는 건, 자신이 좋아하는 것을 하는 것만으로는 부족하다.** 좋아하는 것들을 하면서 나와 이야기하고 내 마음을 알아차리고 모든 측면의 나를 받아들여야 했지만, 나는 그런 시간을 갖지 못했다. 반쪽짜리 사랑이라 늘 허전할 수밖에 없었고, 계속 다른 사람들의 인정과 사랑을 받고 싶었다. 내(i)가 좋아하는 나(I)에게 내(I)가 좋아할 무언가를 해주었지만, 나(I)는 내(i)가 주니까 그저 받기만 할 뿐, 내(i)게 어떠한 답도 주지 않았던 것 같다. 나는 나 자신과 소통하지 못했다. 하지만 내가 추구한 쾌락은 내게 삶의 동력이자, 성장을 위한 발판이었다. 그 시간이 없었다면 내 결혼생활을 버틸 힘, 빠져나올 힘, 혼자 설 힘이 없었을 것이다.

낯선 나라에서의 결혼생활은 처음부터 삐걱거렸다. 이미 바람 빠진 풍선 같은 사랑의 마음으로 살아오다가 남은 바람마저 다 잃었을 때는 그 사람과 함께한 2년 반의 짧은 시간이었다. 아이 아빠와 떨어져 시간이 지나고 나니 자연스레 내 잘못들을 알아차렸고, 더 이상 피해자로 살고 싶지 않았다. 그리고 그 사람에게 미안했다. 돌이켜 보면 나는 그 사람이 나를 대하는 것과 똑같이 나 자신을 대했다. 앞에 얘기했듯 나는 '괜찮아.'의 달인이었다. 어떤 일로 마음이 다치면 자상하게 나 자신에게 '괜찮아.'라고 얘기해 줬다. 시간이 조금 지나면 괜찮아졌고, 모든 것은 시간의 문제라고 생각했다. 하지만 시간이 갈수록 조금 괜찮아졌다고 느낄 틈조차 없어졌고, 지쳐갔다. 누군가 내 목을 조르고 있는 상황에 내 얼굴은 벌겋게 달아올라 숨을 헐떡거리고 있는데도, 나는 내게 '나는 네 상처에 관심 없으니 그냥 잊어. 안 그러면 어쩔 거야.'라고 따뜻한 말투로 모진 말을 한 것과 다르지 않았다.

나는 다 큰 어른이 감정조절을 잘 못하면 철없는 어린애 같은 것이고, 무언가를 잘 못하는 건 능력 없는 것이라고 생각했다. 싸우는 건 나쁜 것이라는 생각에 싸움을 피했고, 부정적인 감정을 드러내는 건 상대를 힘들게 하는 것이라는 생각으로 안 좋은 감정은 숨겼다. 나는 불편한 감정이 싫었고, 그걸 마주할 용기도 없었다. 어른이 되면 자기 삶에 책임질 수 있어야 하는데, 내가 부당한 대우를 받거나 괴로운 상황에 있어도 책임감을 아직 갖지 못한 아이는 조용히 눈치를 보면서 구석으로 피해 들어갔다. 겁이 많은 이 아이는 목소리를 높여 이야기하는 것이 무서웠고, 비난받으면 미안하다고 사과하기 바빴다. 이 '아이의 입장'에서는 아무리 머리를 굴려도 그 상황이 이해가 안 가서, 비슷한 상황이 자꾸 반복됐다.

그런 괴로움에서 약간 벗어나 보니, 새로운 사실을 알게 됐다. 누구에게나 서툴거나 능숙하거나, 부족하거나 넘치는 면이 있다. 아이와 어른이라는 단어도 꼬리표에 불과하다. 사람은 태어나서부터 죽을 때까지 성장하는 것이고 그 성장의 분야와 정도는 사람마다 천차만별이다. 스스로를 지키지 못하고, 부정적 감정을 표현하지 못하는 것. 이것은 **내가 꼭 배우고 성장해야 하는 부분이라서 내게 그런 상황이 다가온 것이라는 걸 알게 됐다.** 그리고 진정한 행복을 깨닫게 해주기 위한 이 우주의 계획이며, 만약 믿고 있는 신이 있다면 그 신의 손길일 것이다. 나는 우리는 각자의 의식에 따라 이 세상을 보고 있으며, 우주 혹은 신이 우리를 더 아름답고, 행복하고, 풍요롭게 삶을 바라보는 방향으로 안내하고 있다고 생각한다. 지금 어려운 일이 있다면, 그건 어쩌면 내 의식을 더 좋은 방향으로 바꿔주기 위해 안내하는 어떤 존재의 증명인지도 모른다. 그러니 괴로움에서 고개를 들고, 지금 이 상황에서 내가 배울 수 있는 것은 무엇인지 찾아봐야 한다.

세계적인 기업들이 시대에 맞춰 변화하는 데 보통 두 가지 방법을 쓴다고 한다. 하나는 가진 것을 잘 살려 최대한 활용하는 것, 아니면 모두 포기하고 새로운 길을 찾는 것. 가진 것을 잘 살리기 위해서 우리는 자신에게 입력되어 있는 정보, 과거의 기억과 믿음, 습관들을 들여다봐야 한다. 아니면 내가 갖고 있던 모든 기억을 포기하고 새로 입력하는 대로만 살아가도 된다. 그 새로운 프로그램은 존중, 감사, 수용, 긍정 등 온갖 좋은 것의 합, 즉 사랑이다. 하지만 잊고 싶다고 기억이 마음대로 잊히지도 않고, 내가 좋다고 선택한 마음만을 갖고 살아지지도 않는다. 내비게이션은 길을 가다가 실시간으로 상황을 업데이트하여 경로를 재탐색해 주곤 한다. 우리 삶에도 그런 방법이 있지 않을까?

경로

사랑의
회복

사랑, 두려움

앞에 언급했듯 느낌에는 좋음과 좋지 않음이 있다. 그리고 나는 좋은 상태를 '사랑'이라고 정의한다. 기분이 좋든, 몸과 마음이 편안하든, 불편함이 없는 상태. 열렬한 무언가가 아닌, 그저 좋은 것이다. 그에 반해 불편한 상태이거나 무언가 마음에 들지 않는, 좋지 않은 상태는 '두려움'이다. 그래서 우리의 느낌은 사랑의 있음과 없음, 혹은 사랑과 두려움, 이 두 가지라고 생각한다.

나는 사랑과 두려움을 빛과 얼음벽으로 설명하려고 한다. 우리 마음에는 절대 꺼지지 않는 사랑의 빛과 그걸 감싸고 있는 두려움의 얼음벽이 있다. 마음속 사랑의 빛을 훤히 밝히면, 내게서 빛이 난다. 그러면 나는 따뜻하고 밝은 존재가 되고 다른 사람들에게도 긍정적인 영향을 줄 수 있다. 마음속 빛은 사랑이면서 동시에 자신만의 온전한 기쁨, 행복의 정도를 나타낸다. 그리고 두려움이 몰려오는 것은 차가운 얼음벽이 빛이 있는 안쪽으로 점점 두꺼워지는 것이다. 사랑을 잃었을 때 나는 인간관계에서 더 이상 상처를 받고 싶지 않은 마음에 쿨한 것이 관대함인 양 무관심의 벽을 만들었다. 그리고 점점 그 벽이 두꺼워져 사람들의 자극에 둔해졌다. 그 벽은 사랑의 불을 피울 공간을 좁게 만드는 차가운 얼음벽이기 때문에 점점 내 마음을 얼리고 말았다.

하지만 꺼질 듯 말 듯 힘이 약해진 사랑의 빛은 단 한 순간의 노력만으로도 다시 훨훨 타오를 수 있다. 성냥에 처음 불이 붙을 때 확 타오르는 순간처럼. 빛을 둘러싸고 있는 벽은 얼음이다 보니 내 안에서 혹은 밖에서 엄청난 사랑을 뿜으면 그 벽은 뼈대만 남고 녹아버리게 된다. 그런데 나의 바깥세상인 다른 사람에게 큰 사랑을 받는 것은 쉬운 일이 아니다. 그렇다면 내 안에서 할 수 있는 가장 쉬운 행동은 그저 잠시 멈추는 것이다. 그리고 순간에 집중해 보면 감사와 사랑의 마음이 피어오른다. 그렇게 사랑의 불빛을 다시 키우면, 나는 다른 사람의 인정과 사랑 없이도 사랑으로 차오를 수 있다. 하지만 얼음벽은 점차 녹지만, 완전히 없어지지는 않는다. 만약 얼음벽의 뼈대조차 없어진다면, 그 순간은 예수님이나 부처님이 되는 순간, 인간을 넘어선 어떤 다른 존재가 된 것일 거다.

부모님의 많은 지지와 관심을 받고 자랐다고 생각하던 나는 삶에 불만족스러운 면이 있다면 그건 내 잘못이라고 생각했다. 만족할 줄 모르고 욕심부리는 것이라고. 하지만 그럼에도 나는 왜 늘 부족한 느낌이었는지, 어린 시절부터 자주 긴장했는지, 어른이 돼서는 계속 집 밖에 나가서 헤매고 다녔는지 이제는 조금 이해하게 됐다. 진정한 사랑을 위한 전제는 존중이다. 존중이 없는 사랑은 한 아름 주더라도 받는 사람에게는 사랑이 아닐 수 있다. 나는 내 존재 자체로 존중받는 사랑을 받고 싶었다. 크면서 내가 받은 사랑은 조건부 사랑인 경우가 많았다. 공부를 잘하면 칭찬받았고, 친절한 행동을 하면 예쁨받았고, 부모님의 기분이 좋아질 조건에 맞는 행동을 하면 사랑받았다. 기준에 맞지 않는 행동을 하면 미움을 받거나, 비난을 들었다. 많은 사람들이 그렇게 자랐을 것이고, 또 우리 부모님도 조부모님들께 그런 사랑을 받았을 것이다.

부모님께든 누구에게든 완벽한 타인의 사랑을 받은 사람이 있기는 할까? 그건 절대 불가능한 일이면서 안타까운 일이다. **사람은 나 자신을 사랑하는 만큼의 사랑만을 다른 사람에게 줄 수 있다.** 그리고 우리는 사랑을 줄 때 다른 사람의 인정과 보답을 받고 싶어 한다. 어쩌면 사람들은 희생의 사랑을 받고 자랐을 것이다. 죽을 각오로 뛰어드는 '희생을 무릅쓴 삶'에는 부작용이 있다. 자식에게 큰일이 생기면 부모는 아이의 일에 죽을 각오로 뛰어들지만, 아이 스스로 헤쳐나가야 할 일에도 그런 모습을 보이기도 한다. '널 위해서'의 의미는 '너 때문에' 혹은 '내 만족감을 위해'라는 의미도 포함한다. 모두의 행동과 결정에는 자신의 편익이 포함돼 있다. 그리고 나중에는 '내가 널 어떻게 키웠는데'를 내세우며 희생에 대한 보답을 바라곤 한다. 부모님들도 우리에게 사랑과 감사 같은 인정을 받지 못할까 봐 두려움을 포함한 사랑을 준 것이다.

처음 아이를 임신했을 때는 "우리에게 와줘서 정말 고마워."라고 했다가, 태어날 때는 "건강하게만 태어나렴." 하고, 조금 자라면 "엄마, 아빠 말 좀 잘 들어줄래?" 하고, 학교에 가면 "공부 좀 잘했으면 좋겠다, 말썽 안 피우면 좋겠다.", 그다음은 좋은 직업을 갖고 이상적인 가정을 꾸리기를 바란다. 늘 그런 '바람'이 있다. 그런 바람은 우리에게 부담으로 혹은 억압으로 다가오기도 한다. 반면, 우리는 그 바람을 채우는 방향으로 가면서 성장한다. 그 바람은 주로 사랑을 전제로 더 나아 보이는 길을 제시하는 것이므로, 대부분은 나쁘지 않다. 무엇이든 좋은 면도 있고, 나쁜 면도 있다. 내가 아이와 함께할 수 없는 시간 동안, 내게는 집중해서 글을 쓸 시간이 있다. 이렇게 세상은 이중적인 면이 있다.

우리는 늘 사람이나 상황을 대하는 태도가 다르다. 내가 좋아하는 친구에게는 따뜻하고 자상하지만, 내가 좋아하지 않는 어떤 사람에게는 차가운 말을 하거나 눈을 흘기기도 한다. 어른들이나 직장상사 앞에서는 가능한 한 말씀을 잘 들으려고 노력하거나 조용히 이야기가 끝나기만을 기다린다. 하지만 옷을 사러 갔는데 직원이 내게 어떤 평가나 요구를 하면 어이없어하거나, 말하는 도중에 그 자리를 뜰 수도 있다. 자기 가족은 살뜰히 챙기지만 가족 외에 다른 사람들에게는 관심이 없기도 하다. 대중 앞에 서면 입이 마르고 머릿속이 하얘지지만, 친구들 앞에서는 누구보다 수다쟁이일 수도 있다. 생각해 보면 우리 모두는 다중이다. 사랑과 두려움처럼 우리 안에는 이 세상의 모든 이중성(이원성, 동전의 양면)이 있다. 어둠이 없으면 빛을 느낄 수 없다. 어둠이 있다는 것을 알기 때문에 빛에서 밝음을 느낄 수 있다. 절망이 없으면 기쁨을 느낄 수 없다. 무엇을 잃어본 적이 없으면, 자신이 갖고 있는 것이 얼마나 소중한지 잘 모른다. 무언가 계속 뺏기는 느낌이 든다면 진심의 감사가 가장 먼저 필요하다. 그런 의미에서 세상의 이원성은 서로 모자라는 부분을 보완하고 보충하는 관계인 상보성(상호보완성)이라고도 한다.

나 = 사랑

우리가 가진 몸도, 이름도, 학벌도, 집도, 자식도, 생각도, 감정도 자기 자신이 아니다. 우리는 매 순간 바뀌기 때문이다. 우리 몸에서 팔을 잃었다고 자신이 다른 존재가 되지 않는다. 이름도 바꿀 수 있고, 국적이나 성별도 바꿀 수 있다. 생각이나 믿음, 감정은 더 수시로 바뀐다. 10초 전의 나와 지금의 나도 다르다. 10초 전에 내 몸 안에 있던 세포 중 일부는 그 짧은 사이 새로운 세포로 바뀌었기 때문이다. 그럼 우리는 무엇일까?

  우리가 책을 읽다가 손을 베이면, 살갗에서 피가 스며 나오고 쓰라리다. 하지만 며칠이 지나고 나면 나도 모르는 사이에 다 나아 있다. 종종 건강 상태가 너무 심각해 의사들이 포기한 병이 오히려 자연치유가 되는 경우도 있다. 이렇게 우리 안의 어떤 것이 우리를 계속 살아 있게 한다. 쉬지 않고 심장을 뛰게 만들고, 상처가 나면 아물게 하고, 먹으면 소화시키고, 자고 나면 피로가 회복된다. 눈을 감고 앞을 볼 수는 없지만 눈을 감는다고 아무것도 안 보이는 것은 아니다. 눈 뒤쪽에서 전기신호 같은 찌릿찌릿한 빛을 볼 수 있다. 나는 우리 안에 분명 어떤 존재가 있다고 생각한다. 보이지는 않지만, 우리 몸보다 더 클지도 모르는 그 존재를 나는 사랑이라고 생각한다. 이 사랑을 다른 말로 참나, 진아, 참자아, 신, 우주 등으로도 표현한다. 사랑은 그저 존재하고, 나의 모든 것을 받아들인다. 그리고 나라고 생각하는 나, 내가 맞다고 주장하는 나, 타인의 사랑과 인정을 바라는 나인 에고가 있다.

  사랑과 두려움의 관계는 참나와 에고의 관계와 같다. 인식하지 못해도 사랑이 늘 존재하듯, 참나도 늘 존재한다. 사랑과 두려움처럼 반대되는 것같이 보이지만, 늘 공존하면서 결국 사랑, 참나가 모든 것을 감싸는 순간이 있다. 우리의 두려움이 사랑을 알아차리고, 두려움 자신을 줄이며 점차 사랑과 닮아가려는 모습, 우리의 에고가 참나를 이해하고 에고 자신의 욕심을 내려놓으며 참나 안에 편히 기대려는 모습. 결국 이 모습이 우리가 평온하다고 느끼는 상태일 것이다. 그래서 많은 성직자들이 일반인들보다 평온해 보이는 것이라고 생각한다. 다양한 상황을 마주할 때마다 기분이 오르락내리락하지 않고 모든 것이 그럴 수 있다고 받아들이는 자세를 가진 모습일 것이다.

겉으로 보이는 내가 아닌, 내 안의 진짜 나인 사랑은 내가 마음속으로 어떤 생각을 하든 판단하지 않고, 내 안에서 끊임없이 떠들고 있는 목소리를 모두 다 들어준다. 좋은 말이든 나쁜 말이든 그저 다 받아준다. 나는 다른 사람들이 뒷담화, 걱정, 명령, 비난, 상상하기 싫은 시나리오를 이야기하면 듣기 싫어서 말을 돌리곤 한다. 하지만 참나는 내가 속으로 불쾌하고 나쁜 이야기를 떠들어대도 다 들어주고 있다. 정말 커다란 존재이자 사랑인 참나에게 새삼 고마움을 느낀다.

사랑은 내 안에 있기 때문에 즉, 내 존재 자체이기 때문에 내가 의도한다면 언제든 느낄 수 있다. 내가 아이와 떨어져 지내더라도, 사랑하는 가족 누군가가 지금은 세상에 없더라도, 10년도 넘게 같이 지내온 반려동물이 죽었더라도, 어릴 적 매일 끼고 놀던 아끼던 인형이 지금은 없더라도, 우리는 언제든 그 존재들을 떠올릴 수 있고, 사랑을 느낄 수 있다. 내가 아이에게 마음속으로 사랑을 보내면 아이가 느낄까? 그건 알 수 없지만 내 마음은 사랑으로 가득 찬다. 엄마로서 매일 눈을 바라보고 대화하지 못하고 안아주지 못하는 그 마음이 안타깝지만, 그 애틋한 마음도 사랑이다. 안타까운 마음에 매일 눈물 흘릴지, 다음 볼 날을 기대하며 늘 건강하고 명랑한 모습으로 지내다가 밝은 기운과 더 큰 사랑을 전할지는 나의 선택일 뿐이다. 나는 마음속에서 매일 아침과 밤마다 상상으로 아이와 대화하고 안아주고 여행도 간다. 아이가 많이 보고 싶은 날은 눈물이 나기도 하지만, 그건 가끔이다. 내 마음을 들여다보고 내 마음 상태에 따라 대처하는 것뿐이다. 그게 나 자신과의 대화이자, 스스로 사랑을 채우는 방법 중 하나이다.

'그렇게까지 할 필요가 있나?' 하는 생각이 들 수도 있다. 하지만 나는 이 방법으로 아주 쉽게 감사를 느낄 수 있게 됐다. 그리고 그 순간 내 온몸 안의 세포들이 행복에 뛰어다닌다. 우리는 누구나 사랑을 원한다. 주고 싶고, 받고 싶다. 가끔은 아무에게도 사랑받지 못한다는 느낌이 들 때, 괜히 내가 미운 날, 마음속 상상으로 자신에게 사랑을 주면 나 스스로 받을 수 있다. 토토로같이 거대하고 포근한 무언가가 나를 꼭 안아주는 상상도, 좋아하는 사람과 즐거운 대화를 나누거나 빛이 쏟아지는 선선한 숲속을 산책하는 상상도 좋다. 내가 기분 좋아질 상상을 하면, 사랑이 차오른다. 그리고 내가 뿜어내는 훤해진 사랑의 빛으로 내 세상이 따듯하고 밝아진다.

사랑은 곱셈

애니메이션 「겨울왕국(Frozen)」은 우리의 인생을 보여준다는 생각을 했다.[5] 어린 엘사 공주는 눈과 추위, 얼음을 만들어 낼 수 있는 마법을 갖고 있다. 하지만 아직 자신의 능력을 완벽히 조절할 수 없던 엘사는 동생 안나와 놀다가 실수로 동생에게 마법의 얼음을 쏜다. 그렇게 기절한 안나를 치유해 주던 트롤은 엘사에게 두려움이 공주님의 적이 될 거라고 말한다. 하지만 이 말은 현명한 충고가 아니라 엘사와 부모님에게 오히려 두려움을 심어주었다. 어떤 진실도, 준비되지 않은 사람들에게는 두려움일 뿐이다. 그렇게 부모님은 모두를 보호하기 위해 벽을 만드는 결정을 했다. 안나와 엘사를 같이 놀 수 없게 했고, 엘사의 마법을 숨기기 위해 왕국의 성문도 닫아버렸다. 이렇게 우리는 우리 안의 사랑의 힘을 잘 모르고, 타인의 평가와 시선에 마음 졸이며 두려움으로 자신을 방어하며 살아간다.

마법을 감추려고만 하던 엘사는 자신의 마법의 힘을 확인하게 되는 순간이 온다. 그 유명한 'Let it go(다 잊어)'를 부르고 있는 엘사는 행복해 보인다. 에고에만 갇혀 살다가, 더 이상 피할 수 없는 상태에 이르러 자신 안의 사랑을 발견한 순간을 노래하고 있기 때문이다. 노래 가사를 보면 부모님께서는 엘사에게 늘 착한 아이여야 한다고 했고, 마법(사랑 혹은 두려움)을 아무도 모르게 감추라고 했다. 이건 우리가 늘 들어오던 말과 같은데, 어른들은 아이들에게 부정적 감정의 표출이나 사람들이 놀랄만한 행동을 못 하게 했다. 하지만 엘사는 어쩌다 들켜버린 자신의 마법 능력을 더 명확히 알게 됐고, 더 이상 숨기지 않기를, 내려놓기(Let it go)를 결심한다. 또 잠깐 생각해 보면 주변 사람들이 말해왔던, 그리고 내가 믿고 있던 옳고 그름과 규칙들이 늘 진실은 아니라는 것을 알 수 있다. 어떤 진실을 알게 되면 예전의 나로 돌아가기는 어려운데, 그래서 이런 상황이 되면 자유로우면서도 혼란스럽고 두렵다. 엘사는 멋지게 성을 지을 수 있는 자신의 능력, 사랑의 힘을 발견했지만, 여전히 두려움은 잘 조절하지 못한다. 그래서 안나가 엘사의 성을 찾아왔을 때, 엘사는 어린 시절처럼 또다시 안나가 얼음을 맞게 한다. 자신 안의 두려움이 해결되지 않으면, 비슷한 상황은 반복되기 마련이다. 나도 요즘은 자유로움을 느끼지만 여전히 아직 돌보지 못한 마음들이 많아 가끔 감정이 폭발하기도 한다. 하지만 있는 줄도 몰랐던 감정들을 하나하나 알아가는 과정이 재미있다. 종종 매일 우는 시기도 있지만, 그 눈물과 마음이 괴롭기만 하지는 않다. 나의 새로운 감정을 또 알게 되어 고맙고, 내 감정을 다독여 주고 나면 삶이 가벼워진다. 다음 날을 다시 명랑하게 보낼 힘이 생긴다.

　우리가 생각하는 '문제'라는 것들은 조금 떨어져서 보면 별것 아니게 보이곤 한다. 문제에 머리를 들이밀고 가까이 다가가서 빠져 있으면 엄청 크게 보이고 걱정되지만, 살짝 멀리 떨어져서 보면 생각보다 별것 아니라는 것을 알 수 있다. 내가 생각하는 문제와 거리를 두고, 영화를 보듯, 책을 읽듯 바라보면, 문제는 없다. 또 추위는 자신을 괴롭힌 적이 없다고 하는데, 그 이유는 추위가 엘사의 일부이기 때문이다. 추위 없이는 귀여운 눈사람 올라프도, 아름다운 얼음성도, 자신을 지키려 만들어 냈던 뾰족한 얼음조각들과 무시무시한 커다란 눈 괴물도 만들어 낼 수 없다.

 노래의 마지막에는 엘사가 자신이 가진 엄청난 힘을 스스로 깨닫는 순간이 나오는데, 자신의 영혼이 눈꽃결정처럼 나선형으로 사방으로 퍼져나간다고 노래한다. 자신의 마음에 그리는 대로, 눈앞에서 얼음성이 더 멋지고 정교하게 만들어지고 있다. 눈꽃결정은 프랙털 구조를 갖고 있고, 프랙털 구조란 일부의 작은 모양이 전체와 비슷한 형태인 것을 말한다. 일부가 전체이자 전체가 일부인 자기유사성이라는 특징을 갖고 무한대로 퍼져나가는 눈꽃결정처럼, 사랑의 힘도 무한대로 커질 수 있다. 눈꽃뿐 아니라 자연계의 모든 것들이 프랙털 구조를 갖는다고 한다. 그리고 우리도 자연의 일부이므로, 우리가 우리의 부모님을, 부모님께선 조부모님을 닮은 것처럼, 사람도 대를 이어가는 것이 프랙털 구조를 갖는 것이 아닐까 생각한다. 나는 인류 전체이자, 인류 전체가 나이고, 나는 자연, 우주, 사랑이자, 그 모든 것은 나라고 할 수 있지 않을까도 생각해 본다.

 이때의 엘사는 자신 외의 다른 것을 보려 하지 않고, 이기적인 면이 있다. 자신의 괴로움에 빠져 다른 사람까지는 고려할 여유가 없다. 아이 아빠와 헤어지고 몇 달이 지난 후, 나 스스로 이제 괜찮고 잘 지낸다고 생각하고 있었지만, 같이 살고 있는 언니는 내게 자주 상처를 받았다. 참다못한 언니는 어느 날 내게 마른 장작같이 속이 텅 비어 있다고, 껍데기만 돌아왔다고 했다. 예전의 내 동생은 어디 갔냐고.

나는 같이 지내는 가족들에게 다정한 말 한마디를 하지 않았고 형식적인 안부조차 묻지 않는다는 것을 알게 됐다. 그때 나는 시간이 약이 아니라는 것을 알았다. 상처가 나면 우리 몸은 자연치유를 한다. 큰 부상을 당하면 병원에 가서 당장 치료나 수술을 받는다. 하지만 웬만큼 마음이 아프다고 우리가 병원을 찾아가지는 않는다. 우리 대부분은 시간이 약이라고 믿기 때문이다. 머리가 아파서 먹는 진통제가 마음이 아플 때에도 효과가 있다고 한다. 몸은 마음과 하나이고, 옛날부터 우리는 심신을 단련했다. 몸의 근육만 키우는 것이 아니라, 마음도 돌봤다. 하지만 최근 명상 붐이 일기 전까지는 마음은 묻어두고 몸만 돌보는 경우가 많았다. 몸을 돌보면, 자연스레 마음이 좋아지는 경우가 많기 때문일 것이다. 하지만 몸에 아무 이상 없이 건강한 사람도 마음이 울적하고 아무런 의욕이 없는 날도 있다. 나는 2년간 심신을 단련하고 있는데 내 생각처럼 다 되지는 않는다. 아마도 내게는 어린 시절부터 심어온 높은 이상(탄탄한 복근과 명랑함을 지닌 여성)이 있어서인지도 모르겠다. 하지만 10살 전후로 이렇게 마음이 가뿐하고 기분 좋은 날들이 거의 없었다. 짧은 시간이었지만, 2년여간 마음을 돌본 일은 내 일생의 두 번째로 칭찬할 만한 일이다(첫 번째는 내 아이를 낳은 일이다).

껍데기(몸이 아니라 마음만)였던 나는, 이제는 언니와 대화하며 잘 웃고 의견이 안 맞으면 말다툼도 하고, 예전과 조금은 달라진 나로 다시 채워졌다. 예전의 나는 비난의 말을 들으면 웅크리고 나 자신을 비난했다면, 이제는 걸러 듣는 재주가 약간 생겼다. **다른 사람의 생각이 틀린 게 아니라 다른 것이라는 걸 받아들이는 마음의 유연성**을 기르는 중이다. 영화의 마지막에 엘사는 안나를 통해 진정한 사랑을 알게 되고, 그 사랑의 힘을 아주 아름답게 사용할 줄 알게 된다. 나도 엘사처럼 극적으로 사랑의 힘을 사용하는 방법을 알게 되었다면 좋았겠지만, 극적은 아니어도 언니 덕분에 나의 사랑이 몇 배는 커진 것 같다.

나는 돈이나 물건도 아닌 사랑을 아끼던 시절이 있었다. 풋풋했던 20대의 긴 연애가 끝난 후 그 친구에게 주던 소중하고 값진 사랑(내 기준에서)을 아무에게나 주고 싶지 않았다. 내 나름의 상처가 깊어서인지, 여자들에게는 상냥하고 친절했지만 남자들에게는 그렇지 않았다. 그런 친절함조차 아껴뒀다가 나중에 나의 전부가 될 사람에게 몽땅 주고 싶었다. 지금 보면, 참 부끄럽지만 귀여운 내 작은 마음이다. 보통 둘째아이가 생기면, 첫째아이는 엄마의 사랑을 더 받고 싶어서 다시 아기처럼 구는 퇴행행동을 하기도 한다. 그러면 엄마는 첫째아이에게 이런 말을 해준다. "동생이 생겼다고 엄마 사랑을 너에게 반만 주는 게 아니야. 너를 사랑하는 만큼 똑같이 동생도 사랑하게 된 거야. 엄마 사랑이 두 배로 커진 거지." 이제까지 나는 그런 마음을 몰랐다. 사랑은 나누면 두 배가 된다는 말을 이해하지 못하고 있었다. 감정(화, 미움, 불만, 열정, 사랑, 행복, 감사 등)은 모두 전염되기 쉽다. 나는 이왕이면 사랑과 행복, 감사를 전염시키고 싶다.

우리의
관계

점. 선. 면

　우리는 매일 무언가를 하며 발자국을 남기며 살아간다. 무언가를 하는 게 점을 찍는 것이라면, 나는 오늘 책 두 페이지를 읽는 점, 점심을 샐러드로 먹는 점, 20분 동안 릴스에 빠져 있는 점 등을 찍었다. 오늘 내가 한 모든 일들은 나의 과거와 미래를 잇는 선이 된다. 어제 책을 한 페이지 읽었고 오늘 두 페이지를 읽었고, 내일도 읽는다면, 책을 읽는 습관이 만들어질 수도 있다. 그리고 그 책의 인상 깊었던 내용은 언젠가 무의식적으로 내 삶에 도움이 될 수 있다. 혹은 내용이 기억에 남지 않아도 책을 읽었다는 뿌듯함을 가질 수 있다. 점심으로 주로 기름진 음식을 먹다가 오늘은 샐러드를 먹었다면, 건강에 조금 도움이 됐을 수 있다. 오늘 먹은 샐러드에 만족해서, 앞으로는 일주일에 두 번씩 점심으로 샐러드를 먹게 될 수도 있다. 맛이 없어서 다시는 안 먹고 싶다는 결정을 할 수도 있다. 과거의 점들은 나의 현재를 만들었고, 내가 찍어가는 지금의 점들은 내 미래에 계속 영향을 준다. 오늘 본 릴스의 주제는 과거에 좋아하던 취미인 빵을 굽는 것일 수도 있고, 좋아하던 가수 이야기일 수도 있다. 그렇게 과거의 점과 현재의 점이 이어져 내일 동료와의 대화주제가 될 수 있고, 그 대화로 더 가까운 사이가 될 수도 있다. 혹은 그 릴스에 의해 엄청난 영감이 떠올라 갑자기 사업 구상을 할지도 모른다. 우리는 매일 관련 없어 보이는 점들을 찍어가며 살아가지만 이 점이 나중에 어떤 점과 이어져 어떤 선이나 면이라는 새로운 결과로 이어질지는 아무도 모른다.

우리는 또 매일 다른 사람이라는 점도 만나가며 살아간다. 늘 만나는 가족과 친구, 동료뿐 아니라 내 옆을 지나치는 사람들, 카페나 마트의 점원, 택시기사님 등등, 우리는 늘 나와 다른 점들을 만난다. 자주 마주치면 인사하거나 대화하게 되고, 어떤 관계를 맺게 된다. 그렇게 점과 점이 이어져 선이 생기면, 그 사람의 친구나 가족을 소개받기도 한다. 그러면 면도 만들어진다. 우리의 관계는 선과 면으로 말할 수 있다.

'We are the world'. 우리는 하나의 세상. 우리는 하나다. 나만 그런지 모르겠지만 이 노래는 들을 때마다 눈물이 고인다.[6] 우리는 부모님의 부모님의 부모님의 부모님의 부모님…으로부터 태어났으며, 그 최초의 인류는 하나였을 것이라고 추측할 수 있다. 온 인류가 한 가족이나 다름없다. **우리는 나무 한 그루에서 뻗어 나온 잔가지이고, 파도치는 바다의 물방울이고, 프리즘에서 굴절돼 나온 자신만의 고유한 색깔을 띤 한 줄기 빛이다.** 하지만 우리는 너와 나로 완전히 분리되어 있다고 생각한다. 생각이나 겉모습이 다르게 인식되면 '너는 나를 둘러싼 우리와는 다르다.'는 착각(잠깐만 떠올려 봐도 생각이나 겉모습이 같은 사람이 아무도 없다는 것은 쉽게 알 수 있다)으로 경계를 만든다. 너와 나는 분리돼 있어서, 서로 경쟁하고 승리를 쟁취해야 한다는 믿음으로 치열하게 살아간다. 하지만 앞에 있는 내가 싫어하는 그 사람과 나는 같은 공기를 마시고 있고, 그 사람의 몸에서 배출한 물은 돌고 돌아 다시 내 밥을 짓는 데 쓰일 수도 있다. 동네 앞바다에 배가 침몰하더라도 그 배에 있던 기름이 동동 떠다니면서 전 세계의 바다로 퍼져나가며, 그 바다의 물고기는 우리의 식탁에 올라온다. 이제는 지식, 정보, 문화 모두 쉽게 공유하는 세상이다. 우리는 우주라는 하나의 나무에서 자라난 나뭇잎들과 같다.

우리가 모두 하나라는 생각을 하다 보니 "사람이 온다는 건 실은 어마어마한 일"이라는 시[7]의 한 구절이 떠올랐다. 정말 그 시와 같이 한 사람의 과거, 현재, 미래와 함께, 그 사람이 받은 영향력도 같이 오기 때문이다. 한 사람이 받는 영향력은 부모님, 조부모님, 친구, 선생님, 이웃, 지나치는 사람들, 그리고 그 모든 사람들의 부모님, 조부모님과 주변인들에게서 받은 것, 즉 온 세상이다. 결국 우리는 모두 이어져 있다는 것을, 절대 혼자가 아니라는 것을 이해할 수 있다.

아이와 책을 보는데, 태어날 때 울고 있는 아기 그림을 보며 왜 우냐고 물어본다.

"엄마가 뱃속에 너를 9달 동안 넣고 지냈어. 아주아주 작았던 네가 이만큼 큰 거야. 항상 엄마가 품고 있었고 우리는 탯줄로 연결돼 있었고 늘 함께였지. 그러다가 엄마 뱃속에서 네가 나왔어. 그때 너는 처음으로 혼자라는 느낌을 느꼈을 거야. 그리고 처음으로 네가 스스로 숨쉬기 시작했고. 그게 아마 깜짝 놀라고 겁이 났을 거야. 그래서 아앙~ 울었을걸."

내가 아이에게 해주고 싶은 말은 처음으로 세상에서 혼자가 돼서, 분리됐다는 느낌 때문에 두려웠을 거라는 것이다. 따듯한 물속이 아닌 새로운 세상과 급속도로 들어오는 다양한 감각에 깜짝 놀랐을 것이다. 하지만 우리는 손을 잡음으로써, 눈을 마주침으로써, 마음을 알아줌으로써, 또 상대방을 생각하는 순간 연결될 수 있다. 내가 하나라고 인식하는 순간, 우리는 늘 하나이다.

관계

요즘 많이 접하게 되는 양자역학의 한 가지 중요한 사실은 관측이라는 행위는 관측되는 대상에 영향을 미친다는 것이다. 전문가가 아닌 나의 관점에서 해석하자면 **'내가 보는 방식대로 내 세상이 펼쳐진다.'** 이다. 우리는 각자 자신의 세상을 관찰하는 관찰자이다. 내가 보는 내 세계와 당신이 보는 당신의 세계는 다르다. 우리는 각자의 고유한 의식에 따라 다르게 보는데, 그 말은 같은 것을 보아도 다르게 해석하고 받아들인다는 의미이다.

물론 공통돼 보이는 것들이 있다. 그래서 공통적으로 보는 부분을 언어로 정의하고, 우리는 그 언어로 소통한다. 하지만 언어, 단어에 담긴 의미를 정확히 경계 긋기는 쉽지 않다. 우리가 말하는 빨간색이 모두에게 똑같은 빨간색으로 보이지 않는다. 특정 빨간색이 누군가에게는 상큼한 딸기 같은 빨간색, 누군가에게는 핏빛처럼 강렬한 빨간색으로 보일 수 있고, 혹은 적록색맹이라 빨간색을 거의 인식하지 못할 수도 있다. 2015년 유행한 드레스 색깔 문제(The dress Problem: Debate)가 그렇다. 누군가에게는 파란색-검정색 드레스로, 또 다른 누군가에게는 금색-흰색 드레스로 보인다는 것이다. 바로 내 옆에 있는 친한 친구도 우리 가족도 나와 다르게 볼 수 있다. 아니, 아주 조금의 차이이더라도 다르게 보고 있다.

심지어 본다는 것은 내 왼쪽 눈과 오른쪽 눈도 다르게 본다. 거울을 볼 때 눈을 집중해서 바라보면 눈이 서너 개로 보이기도 하는데, 그건 두 눈에서 받는 시각정보가 다르기 때문이라고 한다. 나는 예전에 안경을 썼는데, 안경을 쓰고 보면 벗고 볼 때보다 전체적으로 더 작게 보였다. 이렇게 내 양쪽 눈조차도 안경에 따라서 보는 것, 즉 받아들이는 것이 다르다. 성격도 마찬가지이다. 사람들을 이끌기 좋아하는 한 사람을 보며 누군가는 리더십이 강하다고 할 수 있고, 또 다른 누군가는 독단적이라고 말할 수도 있다. 상황에 따라 다르게 보이기도 하고, 사람과의 관계에 따라 다르게 해석되기도 한다. 평소 좋아하던 노래도, 어떤 날은 머리가 복잡해서 꺼버리고 싶을 때가 있는 것도 그렇다. 그저 순간순간 받아들이는 것의 차이일 뿐이다.

내가 보는 방식대로(여기서 본다는 것은 어떤 감각을 받아들인다는 말로 내가 인식하는 방식을 말한다) 세상은 내 앞에 그 모습을 드러낸다. 모두에게 다르게 보이기 때문에, 같은 것을 보고도 다른 반응을 보이는 것은 당연한 것일 수 있다. 그렇게 **나의 세계와 당신의 세계는 다르다. 하지만 내게 당신의 세계가 없으면, 내 삶은 어떤 의미와 재미가 있을까?** 우리는 모두 관계를 맺고 살아간다. 관계의 의미에 앞서 우리가 완전하다는 것에 대해 먼저 이야기해야 할 것 같다.

닐 도날드 월쉬의 책 『신과 나눈 이야기』에서 관계의 목적은 나의 완전함을 함께 나눌 타인을 갖는 데 있다고 했다.[8] 우리는 각자 모두 완전한 존재이지만 잘 모르고 살아간다. 나는 처음에 완전한 존재라는 말이 거북해서 '온전'이라는 단어로 바꿔서 생각하곤 했다. 소심한 면이 있지만 꼼꼼하고, 게으른 면이 있지만 여유롭고, 산만한 면이 있지만 활동적인 다양한 모습을 가진 나다. 지금 가진 내 온전한 모습 그대로가 '나'이다. 그 모습 중 어떤 하나도 우월하거나 열등하지 않다. 있는 그대로의 온전한 내 모습을 받아들이다 보니, 이제는 완전하다는 말도 이상하지 않게 들린다. 돌이켜 보면 실패하고, 노력하고, 성취하고, 좌절하고, 후회하고, 감사하고, 행복하고 등 나의 모든 삶의 과정과 그에 따른 감정이 없어서는 안 되는 순간들이었고, 어느 한 순간도 쓸모없는 경험이란 없었던 것 같다. 그래서 우리 모두 완전한 존재라는 것을 이제는 이해한다.

하지만 사람들은 연인을 만나려고 할 때, 내 반쪽을 찾는다고 말하곤 한다. 나 자체로 완전하다는 생각을 하지 못하고 나의 반쪽이 내 부족한 점을 채워주기를 바라며, 그 반쪽에게 늘 사랑받고, 인정받고 싶어 한다. 하지만 그 사람이 나의 반을 채울 수 없다는 것을 알아차리는 순간부터 관계는 틀어지기 시작할 수 있다. 어찌 보면 필요에 의해 만난 것이기 때문이다. 그럼에도 상대방에 대한 의리나 정으로, 혼자가 되는 것이 두려워서, 아니면 내가 가진 것을 잃는 느낌이라서 자신의 진짜 마음은 보지 않고 관계에 매달려 불평만 하는 경우도 많다.

그렇게 나는 아이 아빠와의 불편한 관계에 대해 '마음에 안 들면 관계를 그냥 끊으면 되나?'라는 고민으로 혼란스러웠다. 그리고 얼마 후, 어렴풋이 알고 있던 시 「꽃」이 떠올랐고 거기에서 답을 얻었다.[9] 마음을 들여다보는 것에 익숙해지면, 나에게 질문을 하고 곧 답을 얻게 된다.

  내가 누군가의 이름을 불러준다는 건, 의미를 부여한다는 것이다. 그래서 부여했던 의미를 버리고 다른 의미를 부여하면 그 존재는 내게 다른 존재가 된다. 누군가와의 관계가 힘들다면 그 사람에게 아예 의미를 두지 않으면 된다. 이 말은 삶에서 불만족스러운 관계를 끊으라는 것이 아니다. 관계를 확인하기 위해서는 내가 상대를 얼마만큼 사랑하고 있는지 나의 진실을 알아야 한다. 이건 상대방의 문제가 아니다. 그리고 한번 맺어진 인연은 다시 보지 않더라도 마음속에 늘 남아 있기 때문에 관계를 끊는다는 것은 불가능하다고 생각한다. 우리는 가끔 어떤 사람을 잊기도 하지만 그렇게 쉽게 잊힐 인연이라면 관계를 끊고 싶다는 생각도 들지 않는다. 잊힌 사람들은 내 인생에 행인 1, 행인 2에 불과하다. 서로에게 아무 의미가 없는 존재가 되면 관계는 자연스럽게 끝이 난다. 의미를 두지 않는 건 미운 사람이라는 뜻이 아니라, 내게 아무런 의미가 없어서 관심이 안 가는 상태의 사람이 된다는 뜻이다. 또한 아무런 의미가 없다는 것은 내가 생각하는 상대방의 부정적인 측면도 그럴 수도 있다고 받아들일 수 있는 상태가 된 것이다. 타인은 나를 비춰주는 거울이라고도 한다. 인정하기 싫은 이야기지만 어떤 사람의 행동이 싫다면, 나에게도 그런 면이 있기 때문이다. 내 안에 그 행동에 대해 좋다 싫다 평가하는 마음이 있고 그 마음은 어떤 믿음에 따라 내가 의미를 부여해 놓은 것이다. 크게 소리 지르는 걸 싫어한다면, '조용히 말하는 게 예의 바른 거야.'라거나 '소리 지르며 말하는 것은 나를 무시해서 그런 거야.'라는 식의 믿음을 갖고 있기 때문이다. 내가 그 믿음을 알아차리고 (내가 살아가기 편안하도록) 바꾸지 않는 한, 누군가가 싫다고 그 사람과 관계를 정리하더라도 또 비슷한 사람을 만나게 될 수 있다. 내가 보는 방식을 바꾸지 않으면 세상은 늘 전과 같이 그대로 보인다.

나는 꽤나 미워하던 아이 아빠를 '다시는 보기 싫은 인간'에서 '진정한 행복을 알려주기 위해 나타난 도우미'로 바꾸기 위해 노력했다. 쉽지는 않았다. 대개 평온하다가도 어느 날은 나도 모르게 쌓여 있던 분노가 폭발하기도 했다. 하지만 정말 믿기지 않게도 내가 부여한 의미대로 상황과 사람이 바뀌어 가는 것이 느껴졌다. **사람뿐만 아니라 갖고 있는 기억들의 이름도 부를지 말지는 나의 선택이다.** 괴로웠던 사건, 그 사건의 기억에 부여했던 의미를 버리면 된다. 이름 없는 기억들은 나에게 아무것도 아닌 일, 즉 감정을 포함하지 않은 지나간 일이 된다.

또 우리는 모두 무엇이 되고 싶다고 한다. 나는 정말 무엇이 되고 싶었다. 마음껏 용돈 드리고, 걱정 안 시키는 딸, 어떤 이야기든 다 들어주는 동생, 따듯하고 의리 있는 친구, 평생친구이자 포근한 안

식처인 부인, 늘 사랑이 가득한 엄마, 다른 사람의 감정에 휘둘리지 않는 사람, 외국어를 자신 있게 하는 사람, 항상 따뜻한 미소를 품고 있는 사람, 유쾌한 대화를 즐기는 사람…. 나는 되고 싶은 게 참 많았다. 내가 나 스스로에게 강요하며 낼 수 없는 빛깔과 향기까지 내려고도 했다. 그러다 한 부분이 썩으며 악취를 풍기게 되어 그 부분을 발견할 수밖에 없었고, 나의 일부를 잘라냈다. 이제 나는 다른 사람의 빛깔과 향기를 흉내 내지 않은, 내 빛깔과 향기에 알맞은 나만의 이름으로 불리고 싶다.

영향력

  닮은 얼굴로 웃으며 같이 산책하는 노부부를 보면 부러움과 사랑이 샘솟는다. 우리 모두는 서로에게 영향을 미치고 살아간다. 얼굴뿐 아니라 습관, 생각, 성격, 심지어 비만조차도 닮는다. 소파를 몇 년 쓰면 소파 천이 해지고 쿠션도 꺼지는 것처럼, 우리는 사람뿐만 아니라 동식물이나 물건에도 영향을 미친다. 그런데 좋은 마음으로 한 행동이 누군가에게는 상처가 되는 경우도 있는 것처럼 내가 의도한 대로 누군가에게 영향을 끼치는 것도 아니다. 그렇다면 우리가 서로에게 영향을 주고받는 게 맞을까?

나는 주변 사람들의 영향을 정말 많이 받았다고 생각하는데, 그중 고마운 두 가지가 생각난다. 한 친구는 곰을 좋아하는 내게 강가에 앉아 달을 보고 있는 곰 그림을 그려줬다. 그때 나는 "왜 곰이 보름달을 봐? 늑대가 보고 우는 거 아니야?"라고 했지만, 이후로 나는 매일 달을 찾아보는 습관이 생겼다. 같이 일하던 상사는 잘 웃는 사람이었고, 어떤 상황에서든 '하하하' 하고 웃었다. 나도 당황스러운 상황에 하하하 말로 웃어보기부터 한다. 그들이 의도하지 않았겠지만, 나는 영향을 받은 이 두 가지 습관을 좋아한다.

당연히 나는 우리 가족에게서도 많은 영향을 받았고, 그중 좋거나 나쁘다는 판단들이 큰 부분을 차지하고 있다는 것을 알았다. 부모님의 판단기준을 그대로 물려받은 것이다. 우리는 자신도 모르는 사이 누군가에게 영향을 주고, 또 받는다. 그래서 이걸 알아차리고는 한동안 누군가에게 나의 영향력을 미치는 것이 두려웠다. 특히 순수한 영혼인 내 아이에게 내가 미치는 영향력이 걱정됐다. 어느 날 밤 아이에게 책을 읽어주는데, 커서 어떤 사람이 되고 싶은지 묻는 질문이 있었다. 아이에게 물어보니, 아이는 빙긋 웃으면서 손가락으로는 나를 콕콕 찌르며 "엄마"라고 답했다. '아…. 지금 아이에게는 엄마가, 부모가 온 세상이구나. 내가 정말 잘 살아가야지.' 하고 한 번 더 다짐했는데, 사실 그 마음이 참 무거웠다. 책임감이라는 것이 이런 거구나. 엄마라는 답이 머지않아 바뀔 것을 안다. 아이는 곧 친구들과 어울리고, 여러 가지 경험을 하면서 생각도 행동도 많이 달라질 것이다.

하지만 내 영향력으로 아이를 망칠 수도 있거나, 훌륭하게 키울 수 있다는 생각이야말로 나의 오만한 생각이라는 것도 안다. 내 행동과 생각을 받아들이는 것은 아이의 몫이기 때문이다. 우리는 서로에게 영향을 주고받으며 살지만, 결국 나의 마음가짐, 태도, 의도, 즉 **내가 받은 영향을 내 안에서 스스로 처리하는 방법이 나의 삶을 결정한다. 그리고 그건 나 자신과의 대화에 달려 있다.**

내가 어떻게 아이에게 좋은 영향을 줄 수 있을까? 내가 지금 옳다고 생각하는 것을 정해서 아이에게 심어주는 것, 프로그래밍하는 것도 바람직하지 않을 수 있다. 빠르게 변해가는 시대에 적응하지 못하고, 얼마 전까지만 해도 '공무원, 선생님처럼 안정된 직업이 최고야.'라는 식의 믿음을 갖고 있던 것처럼 말이다. 하지만 그럼에도 불구하고 내가 아이에게 꼭 주고 싶은 영향력이 있다면, 많이 웃고, 건강한 소통을 하며, 긍정적으로 사는 것. 그리고 내가 아이에게 진짜로 영향을 줄 수 있는 방법은 말로 하는 것이 아니라 내가 그렇게 사는 것이며, 삶을 대하는 그러한 방식을 꾸준히 보여준다면 아이가 자연스럽게 배우리라고 믿는다.

수용

어릴 때부터 울보였던 나는 부모님께서 "울지 마. 뚝!" 하면, 언제 울었냐는 듯 금방 그쳤다. 아침에 "일어나. 아침이야." 하면 벌떡 일어났다. 가리는 반찬도 거의 없이 잘 먹었고, 뚝딱 한 그릇을 비우면 칭찬받았다(얼마 안 지나 너무 먹는다고, 살찐다고, 그만 먹으라는 소리를 더 많이 들었지만). 그렇지 않은 행동들은 엄마, 아빠가 화가 나거나 슬퍼지게 만든다는 것을 알았다. 그리고 이 세 가지, 울음 빨리 그치기, 깨우자마자 일어나기, 밥 잘 먹기는 똑똑하고 어디서나 인정받는 언니보다 내가 잘하는 것들이었다.

나는 인정받거나 사랑받고 싶어 하는 마음이 별로 없다고 생각해 왔다. 사람들이 그런 욕구가 있다는 것들을 보고 들으면서, 철없는 사람 정도로 생각하곤 했다. 그런데 나 스스로와 이야기할수록 내가 나의 인정욕구를 철저히 외면하고 있었다는 것을 알게 됐다. 오히려 다른 누구보다 인정과 사랑에 대한 욕구가 더 큰지도 모른다. 어느 날 떠오른 생각은 '나는 그저 나 자신으로 받아들여지고 싶었구나.'였다. 누군가에게 못된 말을 해도, 예의 없는 행동을 해도, 나쁜 생각들을 이야기해도, 화를 내거나 하루 종일 울고 칭얼거리더라도, 반찬투정을 하고, 늦잠을 자도 그저 받아들여지고 싶었다. "어, 네 마음이 그렇구나." 이 소리를 듣고 싶었다. 그게 수용이다. 단어의 뜻을 몰랐던 것은 아니지만 나는 이제까지 수용이라는 말을 사용해 보지 않았던 것 같다. 나는 부모님께 수용될 수 있다는 것을 몰랐다. 그리고 그 이유는 몇 번 겁을 먹은 이후로는 혼날 것이 무서워서, 단지 시도해 보지 않았기 때문이다.

"하지 마.", "안 돼.", "이제 그만.", "이거 해.", "꼭 그렇게 해야겠니?", "하지 말라고 했지!", "그건 아니야.", "이게 좋은 방법이야." 이런 말들을 가족들에게 수없이 들어왔다. 부모님의 말속에는 늘 비난과 평가가 깔려 있었다. 그리고 이제야 내가 가족들을 미워한다는 것을 알았다. 우리가 사람들에게 쉽게 상처받고 얼음벽을 세우는 이유는 다른 사람들에게 내 **'의견이나 행동'이 받아들여지지 못한 것이 '나라는 존재'가 받아들여지지 못했다고, 거부당하고 버림받았다고 생각하기 때문이다.** 그렇게 우리는 각자의 세상에 고립된다.

그리고 가족들에 대한 미움을 알아차린 후, 한두 달의 시간이 지났다. 나 자신과 대화를 나누던 또 다른 어느 날, 가족에 대한 깊은 사랑과 감사를 느꼈다. 내게 상처를 주는 비난의 말, 아픈 말들 뒤에 숨겨진 사랑이 있다는 것은 이성적으로는 당연히 알고 있었다. 다 나를 위해, 내가 잘되라고 하는 말씀이라는 것. 하지만 머리가 아닌 마음으로 그 사랑을 알아차렸을 때, 나는 오열했다. 가족들이 나를 받아들여 주지 않았던 것보다 있는 그대로 받아들이고 존중해 준 일들이 비교할 수 없이 훨씬 많다는 것을 알았기 때문이다. 또 "너는 다 잘할 거야.", "엄마, 아빠가 보기에 넌 이런 것들을 잘해."와 같이 평가와 기대의 말이지만 내게 힘을 주는 말을 언제든 해주셨다. "네가 도전해 보려는 그건 참 힘든 일인데, 그래도 하고 싶으면 해봐. 넌 잘할 수 있어."라고 나를 믿고 지지해 주셨다. 부모님과 딸로 살아가면서 서로에 대한 신뢰가 쌓인 만큼 실망이나 좌절을 안겨준 일도 많았을 텐데 그럼에도 나는 여전히 사랑받고 있었다.

그리고 다시 얼마 지나지 않아 부모님께 메시지를 받았다. "우리 딸은 낙천적이라 좋지만, 그게 게으르다는 말도 될 수 있다."는 내 기분을 배려한 조심스러운 메시지였다. 감정이 요동치지 않았고, 문득 깨달았다. 나는 부모님의 믿음과 희망으로 앞으로 나아가기도 했지만, 마음에 무거운 짐을 지고 있었다. 그 믿음과 희망은 나를 이끌기도 했지만, 짐이 되어 어깨를 펼 수 없게 했다. 나는 내 안에서 꿈틀대는 의지로 해낸 일이 많지 않았다는 것을 알았다(나는 끌려다니기 싫어서 자유를 원했던 것이구나). 결국, 누군가가 내게 주는 희망의 메시지도, 비난과 평가도 아무 의미가 없다는 것을 알았다. 우리는 이 세상의 모든 영향력을 스스로 선택해서 받아들인다. 그런 과정을 거쳐 지금의 내가 이런 생각을 할 수 있게 된 것이고, 이렇게 존재하는 것이다. 그 어떤 것도 필요하지 않고, 또 그 어떤 것도 필요하지 않은 것이 없다.

그대로 받아들여진다는 것, 수용은 양팔을 벌린다는 것, 손을 내미는 것과 같은 말이다. 내가 아이에게 양팔을 벌리면 아이는 뛰어와서 내게 안긴다. 아무 이유 없이도 아이는 먼저 다가와 나를 양팔로 꼭 안아주기도 한다. 나는 아이에게 나 자신으로 사랑받고 있다. 가끔 인상도 찌푸리고 화도 내는 엄마지만 아이는 먼저 양팔 벌리고 다가오고, 손을 내민다. 아이에게 아직 '엄마는 나를 무조건 사랑한다.'는 믿음이 있기 때문이지 않을까? 이런저런 상처에 그런 믿음이 부족해진 어른들은 양팔로 안아주는 것은 당연히 어색하고, 먼저 손 내밀지도 않고, 방어하기 바쁘다. 우리가 온전히 수용받고, 사랑을 주고받기 위해서는 무엇보다 믿음이 전제되어야 한다. 어릴 때는 전적으로 믿고 있던 나에 대한 부모님의 사랑을 잠시 잊고 있었다. 이제야 알아차려서 정말 죄송하다. 이런 온전한 사랑을 받고 자란 나는 참 운이 좋다.

나와의 관계

입안의 가시

"하루라도 책을 읽지 않으면 입에 가시가 돋는다(一日不讀書 口中生荊棘, 일일부독서 구중생형극)."는 말처럼 우리는 가시 돋친 말을 할 때도 있다. 나는 요즘 독서, 글쓰기, 명상, 산책 등을 한다. 매일 모두 다 하지는 못하지만, 아무리 바빠도 한 가지라도 꼭 하려고 한다. 그 이유는 나를 돌아볼 수 있는 시간, 나 자신과 대화하는 시간이기 때문이다. 잠시나마 이런 시간을 가지면, 기분도 좋아지고 자신감도 차고 긍정적인 상태로 하루가 흘러간다. 그리고 여러 가지 핑계로 하루라도 놓치면, 점점 기분이 안 좋아지고 상황에 이끌려 살아가는 나를 발견한다. 내 기분이 별로면 상대방이 하는 말이나 행동도 괜히 거슬린다. 그러면 다시 그 사람에게 나쁘게 대하기도 하고, 내 마음이 뾰족해진 만큼, 말도, 삶도 뾰족해진다. 그렇게 삐죽삐죽 가시 세운 고슴도치가 되어 의도치 않게 누군가를 찌를 수도 있다. 그러면 상처받은 그 사람에게 나도 다시 상처를 받거나, 타인에게 상처를 줬다고 생각하는 나 자신을 비난하며 또 상처를 받는다. 우리는 가장 가깝다는 이유로 "내가 아니면 누가 너한테 이런 말 해주냐." 하면서 사랑보다 공격을 하곤 한다. 잔소리, 지적, 비교, 평가, 비난 등등. 하지만 이 모든 것들은 사랑하는 사람의 삶을 변화시키는 데 그다지 효과적이지 않다.

대화는 관계에서 꽤 크게 차지하는 부분이다. 나는 내가 좋은 말 습관을 갖고 있지 않다는 것을 알아차린 적이 있다. 하던 것만 금방 끝내고 연락하겠다는 친구의 전화를 나는 한참 동안 기다리고 있었다. 당연히 5분도 안 돼 전화가 올 줄 알았지만 그래도 '금방 전화하겠지.' 하는 마음에 15분이 지나도록 멀뚱하게 기다리고 있었다. 그리고 30분쯤 후 친구에게 전화가 왔다. 나는 웃으면서 "빨리 전화했네?"라고 했지만 친구는 당황했다. 나도 그 순간 나의 말이 뾰족하다는 것을 알았다. 나는 친구의 행동을 평가했고, 반어법을 써서 비난했다. 그 말 대신 "나 오래 기다려서 서운했어."라고 마음과 이유를 솔직하게 말했다면 친구는 오히려 내게 미안한 마음을 가졌을 수도 있다. 나는 차분하고 장난스러운 말투로 뾰죽한 가시를 가리고 있었다. 그런데 이 **가시는 상대방보다 자신에게 상처 주**

는 일이 더 많다. 우리는 보통 인지하지 못하지만 상대에게 하는 비교, 평가, 비난의 말버릇을 나 자신에게 똑같이 하기 때문이다. 말도 습관이다. 무의식적으로 튀어나오는 경우가 많으며, 그건 자신에게 하던 말버릇이 다른 사람에게 드러나는 것이다.

네빌 고다드의 강연 중 혼잣말에 관한 이야기를 처음 들었을 때, 나는 가슴이 철렁했다. 그 내용은 한 여직원이 사장과 사이가 안 좋아서 회사생활이 힘들다는 이야기였다. 그 이야기를 들은 네빌 고다드는 그녀에게 내면의 대화를 바꿔야 한다고 했다. 그녀는 그 말을 듣고 자신이 마음속에서 사장과 계속 논쟁하고 있다는 것을 알게 됐다. 나는 조금 전에도 미워하는 그 사람과 마음속에서 계속 말다툼을 하고 있었기 때문에 정말 놀랐다. 떠올리지 않으려고 해도 안 좋은 기억이 머릿속에 자꾸 맴돈다. 나는 그런 기억이 나면, 그 상황을 상상하면서 나를 방어하는 말들을 쏟아내고 있었다. '그 사람이 이렇게 말할 텐데, 그럼 나는 이렇게 해야지.' 나는 피해자의 마음으로 아이 아빠와의 관계를 하루에도 몇 번씩 마음속으로 재생하고 있었고 그렇게 내 현실이 제자리에 맴돌고 있다는 것을 알아차린 순간이었다.

용서

용서는 자신을 건강하게 만드는 방법이라고 한다. 용서하지 않으면 상대방을 향한 그 마음이 자신을 공격하게 되기 때문이다. 그 아픈 마음은 나의 면역력을 떨어뜨리고, 몸 이곳저곳을 아프게 만들고, 그 마음을 돌보지 않아 회복하지 못하면 아픈 것도 습관이 된다. 그렇게 익숙해진 아픈 느낌을 자기도 모르게 끌어안고 살아간다.

조셉 머피의 책[10]에 이런 이야기가 있다. 1년 전 치과치료를 할 때 이가 엄청 아팠던 기억이 있는 사람에게 지금도 그 이가 아픈지 물어본다. 그 사람은 당연히 "아뇨. 그때 아팠던 기억은 있지만 지금은 안 아프죠."라고 하는 것, 그게 용서를 한 건지 안 한 건지 알 수 있는 것이라고 한다. **용서는 아픈 나 자신을 치유하는 과정이다.** 상대가 아닌, 나 자신을 위해서 하는 것이다. 상대방에게 "용서할게."라고 말할 필요도 없고, 내 마음만 편안해지면 된다. 용서를 위해서는 화났거나, 슬펐거나, 자존심이 상했거나, 비참했거나 하는 평소에 거북하고 싫다고 밀어둔 마음을 모두 느껴줘야 한다. 그 감정을 느끼지 않았다는 건 모르는 척하고 가슴 깊이 묻어둔 것이다. 가슴에 묻어둔 상태로는 용서를 할 수 없다. 감정은 쌓이고 쌓이다 밖으로 폭발(냉소, 화, 분노 등)하기도 하고, 안에서 무너져 버릴(자책, 자기비난, 우울증 등) 수도 있다. 그렇다고 '이제 됐어. 생각하기도 싫어. 다 용서하지 뭐. 더 이상 생각 안 해.' 이렇게 덮어두는 것은 용서가 아니다.

 처음에는 내가 용서해야 한다고 생각하는 그 마음 자체가 괴롭고, 용서해 주기 싫고, 억울했다. 하지만 나는 나의 괴로운 기억들과 미운 그 사람에게 내 마음 한 칸도 내주고 싶지 않아서 용서를 시작했다. 그런 용서야말로 어쩌면 세상에서 가장 이기적인 행동일 수도 있다. 하지만 우리는 늘 나 자신을 가장 먼저 생각해야 한다. 이 세상은 내가 없으면 내게는 존재하지 않는 것이므로 각자 자신만의 세상이 가장 중요하다. 비행기에서는 위급 상황에 보호자가 먼저 산소 호흡기를 껴야 한다. 그래야 내 아이를 돕고, 주변 사람들도 도울 수 있다. 또 주변 사람들을 많이 돕는 성공한 사람들 중 일부는 이런 이야기도 한다. 우선 욕심나는 대로 돈도 벌어보고, 원하는 것도 다 가져보고, 성공해 보라고 말이다. 그렇게 해야 그게 자신의 인생에 큰 의미가 없는 것을 알고, 자연스레 다른 사람들을 챙긴다고 한다. 그렇게 우리는 먼저 내 것을 채워야 다른 사람에게 쓸 여유가 생긴다. 물론 없는 살림에도 서로 사랑을 나누고 살면 더 좋겠지만 말이다. 그래서 용서는 가장 이기적인 행동이면서 가장 큰 사랑이다.

 하지만 그 누구보다 가장 먼저 용서해야 할 사람은 나 자신이다. 어쩌면 가장 쉬워 보일 수 있는 자신을 용서하는 것은 말로 설명할 수 없이 참 어렵다. 내가 나 자신을 무시, 평가, 비난, 모욕하던 것들을 의식적으로 생각하기 전에는 알아차리기 어렵기 때문이다. 게다가 앞서 얘기했듯 나는 나를 사랑하는 줄 알았다. 많은 사람들이 자신을 미워하면서도 스스로에게 만족한다고 생각하며 살아간다. 문득 책상에 놓여 있는 작은 거울에 비친 내 눈과 마주쳤을 때, 나는 냉정하게 노려보고 있는 내 눈빛을 알아차린 적이 있다. 소름 끼치게 놀라는 일이었고, 나 자신에게 많이 미안했다. 나를 사랑해야 남도 사랑할 수 있고, 나를 용서해야 남도 용서할 수 있다. 나는 나를 위해 용서한다.

사람들은 감정을 억압하지 않고 느끼면 주체하지 못할까 봐 두려워한다고 한다. 나야말로 감정을 느낀다는 게 무엇인지 아는 데만도 한참이 걸렸다. 내 감정을 어떻게 느껴야 하는 줄 몰라서, 가끔은 예전과 달리 폭발할 듯 올라오는 감정을 참지 못한 적도 많다. 하지만 그건 감정조절에 실패했다기보다 그제야 내가 진짜 내 감정을 만난 것이었다. 물론 다른 사람들에게 폭발하듯 화를 내는 것은 바람직하지는 않다는 생각이 든다(예전에도 그랬지만 지금은 더 명확히 모든 이들에게 친절해야 한다고 생각하기 때문이다). 그러나 적어도 나는 내 감정을 드러냈다. 그전에는 내 감정을 하도 억누르다 보니 드러내는 것도 어려웠고, 내게 감정이 생겼다는 것도 몰랐다. 세밀하게 감정을 관찰하고 그것을 다양한 단어로 표현해 보면, 감정에 휩싸이지 않고 약간 거리를 둘 수 있다고 한다. 그리고 무엇보다 중요한 것은 **감정은 원래 내가 조절할 수 있는 것이 아니므로 감정을**

느껴주라는 것이다. 감정과 같이 생각도 내가 하는 것이 아니라 떠오르는 것이라고 한다. 우리가 생각이나 감정을 조절할 수 있다면, 당연히 부정적 생각이나 감정이 절대 떠오르지 않게 조절해 왔을 테지만 그건 불가능하다는 것을 안다.

나는 여러 가지 명상을 하고, 일기를 쓰면서 매일 마주하는 상황들과 그에 따르는 마음을 생각해 보았다. 특히 글을 많이 써봤다. 나도 매일 글을 쓰는 데 익숙한 사람은 아니었다. 많은 사람들이 성공을 위해, 심리적 안정을 위해 글을 써보라고 한다. 칭찬일기나 감사일기, 성공일기 같은 것뿐 아니라 맞춤법이나 오타도 신경 쓰지 말고 머릿속에서 나오는 대로 글을 쓰라고 한다. 그리고 그 일기는 누가 절대 읽지 않도록 하고, 내 속에 있는 모든 것들을 털어놓는 것이다. 비참하고 슬픈 감정과 치솟는 분노와 욕을 한 바가지 할 수도 있고, 누군가를 죽이고 싶은 것처럼 평소에는 전혀 밖으로 드러내지 않았던 나의 모든 것들을 적을 수도 있다. 나는 한참 공부를 안 했기 때문에 손으로 글을 쓰는 게 힘들어서 노트북을 이용했다. 빠른 타자에도 내 머릿속에 떠오르는 생각의 속도를 따라가기 버거웠다. 내 머릿속의 다양하고 예상치 못한 생각들에 깜짝 놀랐다. 그리고 얼마 안 가 정말 그 방법이 효과가 있다는 것을 알았다. 마음이 조금 가벼워졌고, 내가 생각지 못한 나의 모습을 알게 됐다. 그렇게 나 자신에게 솔직해지고 있던 것이다. 솔직해진 나는 거울을 뚫어지게 쳐다보며 나 자신에게 말을 걸 수 있었고, 한참이 지나서는 거울 속 나에게 웃으며 말도 걸 수 있게 됐다. 그러면서 나는 나 자신을 이해하게 됐고, 용서하기 시작했다.

그 이후 나는, 내게 나쁘게 행동했던(내 입장에서) 사람들이 나에게 잘못했다고 진심 어린 용서를 빌든, 거짓말로 사과를 하든, 아무 행동도 하지 않든, 어떤 것도 의미가 없다는 것을 알았다. 예전에 카페에서 사과를 요구했던 내가 부끄러웠고, 그 직원에게 미안했다. 누군가 진심으로 사과해도 내가 도저히 용서를 못 하고 받아들이지 못할 수도 있다. 나는 아무 생각도 없었는데 어떤 사람은 내게 미안하다며 사과를 하기도 한다. 모든 게 나의 마음에 달려 있을 뿐이다. 자신의 과거를 자주 기억하고 곱씹으며, 괴로움을 반복하고, 트라우마로 남겨둘 수도 있다. 하지만 왜 내 삶을 내가 좋아하지 않는 것들로 채워야 할까? 이미 마음이 많이 편안해졌지만, 더 편안해진 어느 날 미소 지으며 '나한테 그런 기억이 있었지. 나, 많이 컸네.'라고 생각할 것이다.

상처받은 마음

결혼생활의 막바지에 다다랐을 때 나는 아이 아빠에게 "네가 나를 뿌리째 흔들어서 나는 버티기가 힘들다."고 했다. 나와 너무도 다른 그 사람의 생각과 행동은 내 신념과 삶을 송두리째 바꾸려는 느낌이었다. 하지만 헤어져 지낸 이후로도 꽤 오랜 시간이 흐르고 나서야 알게 됐다. 그 신념을 지키고 흔들리지 않겠다고 버티던 내가, 나를 힘들게 만들었다는 것을 말이다. 우리는 쉽게 '네가 그렇게 해서, 상황이 어쩔 수 없어서, 내가 지금 이러는 거야.'라고 생각하며 다른 사람이나 환경 탓을 한다. 그 마음은 우리를 더 앞으로 나가지 못하게 붙잡아 놓는다. 상처받은 마음은 "나는 피해자야."라고 말하는 것과 같다.

그런데 우리는 모두 피해자이고, 가해자이다. 내가 좋은 의도와 사랑으로 이야기해도 상대방이 내 말에 상처받았다고 하면 나는 가해자가 된다. 그러면 동시에 나도 피해자가 된다. 내 입장에서는 내 의도를 제대로 알아듣지 못한 상대방에게 억울하기 때문이다. 그렇다면 나에게 상대방은 가해자이다. 하지만 피해와 가해의 개념에서 벗어나 서로에게 영향을 미치는 것으로 이야기하면 어떨까? 피해와 가해는 둘 다 해를 입힌 것이다. 우리는 서로에게 해만 입히지 않는다. 우리의 관계를 동전의 앞뒷면이 아닌 그저 동전으로만 본다면, 앞면이나 뒷면, 좋거나 나쁠 것이 없다. 사랑과 두려움의 느낌이 있는 것처럼 무엇이든 이원성, 이중적인 특징을 가지고 있기 때문이다. 그래서 어린 시절부터 많이 들어온 말, '입장 바꿔 생각'을 해볼 필요가 있다.

방금 전의 이야기처럼 내가 억울한 경우에는 "난 네 생각 해서 한 말인데, 네가 나라고 생각해 봐! 넌 뭐라고 말하겠니?" 이렇게 상대방에게 입장을 바꿔서 생각해 보라고 말하고 싶다. 왜 내 진심은 알아차리려고 하지 않는지 억울해하면서 말이다. 사실 우리는 상대방을 이해하지 못하는 게 아니라, **자신만의 판단기준을 들이대고 그에 못 미친다는 이유로 이해해 주기 싫은 경우가 더 많다.** 내가 가진 기준이 맞다는 믿음 때문에, 내가 틀리거나 모를 수 있다고 생각하지 않고 상대방이 나를 인정해 주지 않는다는 생각이 든다. 그래서 화가 나고 답답하고 대화가 안 통한다고 입을 다물어 버리거나 미워하고 관계를 끊어내고 싶어 한다.

우리가 짜증 내고 화냈던 순간, 괴로웠던 그 시간들 모두 자신이 고집하는 어떤 기준을 갖고 있었기 때문이다. 그게 자신이 믿고 살아온 것이고 세상을 바라보는 방식이다. 그리고 자신만의 믿음을 강요하는 것은 상대방을 있는 그대로 존중하지 않는, 즉 사랑이 부족한 것이다. 그리고 대부분의 사람들은 내 인생을 흔들어 대는 자신만의 믿음을 알아차리지 못하고 살아간다.

내가 한참 동안 마음을 들여다봤어도 피해자에서 벗어나지 못하고 있는 것을 알아차리고 '진짜 나'를 진심으로 알고 싶어졌다. 내면아이 치유나 무의식 정화 같은 단어들을 본 적이 있지만, 나는 애써 외면하고 있었다. 단어 자체만으로 엄청 힘들 것이라는 막연한 느낌이 있었고, '뭐 그렇게까지 해야 하나?'라는 저항감도 있었다. 하지만 내면아이 치유, 무의식 정화, 거울명상 같은 도구는 나의 과거를 돌아보고 나와 상대방 모두의 입장에서 생각해 보고, 양쪽의 아팠던 마음을 보듬어 주고, 최종적으로는 나의 믿음을 바꿔주는 것이라는 것을 알았다. 그리고 그게 원래의 나, 사랑의 상태로 돌아가는 것이다.

어린 나의 마음

앞에서 이야기한 점, 선, 면을 입체적으로 생각해 보면, 두 점을 이으면 선(0→1차원)이 되고 선들을 이으면 면(1→2차원)이 된다. 면과 면이 만난 것을 공간(2→3차원)이라고 하고, 시간의 개념까지 넣으면 4차원 시공간이라고 한다. 우리가 인지하는 3차원 세상보다 한 차원 더 높은 4차원 세상을 볼 수 있다면 어떨까? 우리 인생을 끝없는 기차가 이어져 있는 것이라고 생각해 보자. 1층에는 밤 12시부터 낮 12시, 2층에는 낮 12시부터 다시 밤 12시까지의 나의 삶이 그 칸 안에 들어 있다. 물론 시나 분, 초 단위로 나뉘어져 있을 수도 있다. 그리고 기차의 한 칸은 하루를 의미한다. 그런 기차에는 365개의 칸이 있고, 365개의 칸은 1량이다. 무한대의 량이 있으며, 그 기차를 밖에서 바라보면 나의 과거, 현재, 미래를 다 볼 수 있다. 가까이에서 보면 어떤 하루의 오전이나 오후 시간의 나를, 멀리서 보면 내 인생을 한눈에 다 볼 수 있는 것이다.

40년을 넘게 살다 보니 어린 시절의 기억이 가물가물했는데 명상을 하고 나와 이야기를 자주 하면서 잊고 있던 기억들이 문득문득 떠올랐다. 내게는 이제껏 아무에게 말하지 않았던 어린 시절의 기억이 있다. 보통 5살 이전의 기억은 잘 하지 못한다고 하는데 나에게는 충격적인 5살 이전의 기억이 있다. 3~4살 정도의 어린 나이에 윗집에 사는 고등학생쯤 되는 오빠에게 성추행을 당했다. 우리 집의 2층에 사는 사람이었기 때문에, 가족들이 모두 친했고 나를 잘 돌봐줬으니 내가 그 집에 그 사람과 단둘이 있었을 것이다. 어린 나는 그게 무엇인지도 몰랐겠지만, "아무한테도 말 하면 안 돼."라는 말을 잘 들어야 한다고 생각했을 것이다. 살면서 완전히 잊고 있던 기억인데 30대에 문득 떠올랐다. 그때는 '뭐 그런 생각을 해. 이제 와서 어쩔 거야. 그냥 잊지 뭐.' 하고 넘어갔다. 늘 착한 아이이고 싶었던 나는 그런 이야기를 꺼내면 가족들의 마음이 많이 아플 것 같아서 아무 말도 하지 않고 지나갔다. 또 그런 이야기를 이제야 꺼낸들 어쩌겠냐는 생각이었다. 그 잔인한 기억을 다시 묻어놓고 10년쯤 잊고 지내다가 최근에 다시 생각이 났다. 너무 오래된 일이라 내 기억이 잘못됐을 수 있지만 사진으로도 남아 있지 않은 장면이 선명하게 떠오르는 것을 보면, 나에게는 큰 상처인 것 같다. 그래서인지 어린 시절 엄마가 나에게 치마를 입힐 때마다 입기 싫다고 울었다. 초등학생 때는 바이올린을 배우고 좋아했지만, 무대에서는 드레스를 입어야 한다는 편견에 바이올린을 그만뒀다. 그럼에도 불구하고 예쁜 결혼식 드레스는 꼭 입고 싶었는데, 결국 나는 코로나19로 결혼식을 올리지 못했다.

　이제는 다시 떠오른 그 기억을 더는 묻어버릴 수가 없었다. 그 당시의 내가 지금의 내 딸과 비슷한 나이다 보니 마음에 더 깊이 남았다. 그렇게 내면아이 치유명상 같은 것을 시작할 수밖에 없었다. '계속 피해받은 것만 생각하면, 내 삶이 나아지는 게 뭐야. 내가 피해를 받았다고 생각하면 나는 더 약한 존재가 될 수밖에 없는 것 같아.' 상처받은 내 마음을 꼭 안아준 다음 그 일은 잊고 사는 편이 낫겠다고 생각했다.
　나는 조용히 앉아 어린 나를 찾아가서 그 사람에게 욕을 퍼부으며 나를 꼭 안고 나왔다. '지금, 그것이 이 세상을 활보하며 살아가는 걸까?'라는 생각에 화가 치밀어 올랐다. 또 어떤 날은 문을 벌컥 열고 들어가 아이의 눈을 가리고 그 사람을 칼로 찌르고 어린 나를 데리고 나왔다. 하지만 그게 마음에 걸려 다시 가서 붕대를 감아주고 경찰을 불러 잡아가게 했다. 지금 내가 할 수 있는 일은 많이 놀라고, 무언지 모르지만 기분이 아주 더럽고, 자기가 왠지 잘못했다는 생각을 하고 있는 어린 나를 잘 다독이고 꼭 안아주는 방법밖에는 없었다. 아이를 따듯한 물에 씻겨주고 같이 햇볕을 쬐고 웃으며 이야기했다. 그렇게 한동안은 그때의 어린 나를 찾아갔고, 매일 울었다. 길을 가다가도 일을 하다가도 조용히 눈물 흘리곤 했다. 이제까지 돌봐주지 않은 나 자신에게 너무 많이 미안해서 울고, 또 그럼에도 어린 내가 웃고 있는 모습에 행복하고 고마워서 울었다. 그렇게 하루하루 나는 나를 치유해 갔다.

 그리고 나는 다양한 순간의 나를 찾아갔다. 처음에는 주로 삐치거나 슬프고 화가 나 있을 때의 내가 보였다. 하지만 점차 좋은 기억의 순간들도 생각났다. 아빠와 산에서 뛰어다니고 배드민턴을 치던 기억, 손 넣는 강아지 인형을 들고 잠자리에 누워 책 읽어주는 엄마와 까르르 웃던 기억, 언니에게 처음으로 줄넘기를 배우던 기억, 빠진 이를 까치밥이라고 던졌던 기억들이 새록새록 떠올랐다. 나는 그 시절의 나를 찾아가 미안하고, 고맙고, 사랑한다고 말해줬다. **슬퍼하는 아이에게도 행복이 있었고, 즐거워하는 아이에게도 불안함이 있었다.** 삶에 사랑과 두려움은 공존한다. 문득 떠오른 기억 속의 아이들을 찾아갔던 건데, 다시 생각해 보면 그 아이들은 늘 나를 기다리고 있었다는 느낌이 든다. 나의 어린아이들은 처음에는 대부분 위축돼 있었고 뭘 물어봐도 별로 반응하지 않았다. 하지만 시간이 갈수록 어린 나는 지금의 내게 다가와 먼저 안아주거나 말을 걸기도 했다. 나는 늘 사랑을 기다리고 있었나 보다. 그렇게 나는 나 스스로에게 사랑을 주는 방법을 알게 됐다.

 어린 시절의 괴로워하는 나를 마주하다가 갑자기 아이 아빠와 같이 지내던 시절로 옮겨가곤 했다. 비슷한 감정을 품은 기억들이다. 내가 나를 지키지 못하는 상황, 두려워하고 무기력했던 나 자신이 스스로에게 너무 미안했다. 나는 그 사람을 감당하기 힘들어서 마음에 걸리는 것들이 있어도 못 본척했고, 쉽게 미안하다고 말했고, 나중에는 나도 너무 억울해서 바닥을 보이며 싸워도 봤다. 그럼에도 나는 그 사람이 늘 무서웠다. 결혼 전의 나는 남자를 두려워했고 그래서 아주 상냥하거나 차갑게 대했었다. 내 삶은 그런 관계에 지쳐 있었고, 그 전에 그렇게 조심하라고 들었던 말임에도 그 당시의 나는 결혼이 탈출구라고 착각했다. 나는 한국의 사회적 기준으로 노처녀였기 때문에 늘 조급한 마음이 있어서 내가 한 단계 나아가기 위해 결혼을 해야 한다는 생각을 했다. 처음 만난 지 2달도 안 되어 결혼식은 미뤄두고 혼인신고부터 했지만, 같이 살기 위해 그 사람 집으로 가는 날부터 알았다. '이건 아닌 것 같은데.' 처음 만났을 때부터 이런 느낌을 여러 번 받았지만, 별것 아니라고 넘기곤 했었다. 그건 아주 사소한 것들이다. 아주 사소한 행동이나 단어의 선택에서 느껴지는 미묘함이다. 습관적으로 '그 정도는 뭐, 괜찮아.'라면서 넘어갔고, 내가 한 결정을 번복하고 싶지 않았다. **직감, 내가 나에게 보내는 경고를 여러 번 받았지만 무시했고, 나의 결정을 부정하는 것이 자존심 상해 오기로 버티며 살아갔다.** 내가 결혼생활의 힘든 점을 토로하자, 친구는 "임자 만났네."라고 했다. 지금의 나는 정말 내가 임자를 만났던 것이라는 생각이 든다. 반복되는 괴로움의 굴레를 알아차릴 수 있게 해줄 내게 꼭 필요했던 중요한 사람이다.

   기억 속의 나를 안아주다가 문득 아이 아빠의 어린 시절이 떠올랐다. 나는 그를 30대 후반에 만났음에도 그 사람이 아이일 때, 학창 시절, 이민 와서 처음 힘들었을 때의 모습들이 떠올랐다. 살아온 대략의 이야기를 들은 적이 있어서 어렴풋이 상상해 본 것뿐이다. 하지만 그 사람이 부모님께 혼났을 때, 동생과 싸웠을 때, 사랑하는 사람들과 헤어질 때 어떤 마음이었을지 내 마음에 쉽게 그려졌다. 그리고 그 모습이 안쓰러워 꼭 안아줬다. 나는 여전히 그 사람의 싫은 점이 많지만, 그럼에도 고맙다. 고마운 마음을 인정하기 싫을 때도 있지만, 그게 진심이다.

  그렇게 나는 과거를 찾아가서 누군가를 보듬어 주거나 과거와 화해할 줄 알게 되었다. 멀리 계신 할아버지를 기다리던 어린 엄마의 모습, 가족들과 떨어져 지내던 어린 아빠의 모습, 엄마가 나를 안아줄 때 세상을 잃은 듯 슬픈 표정으로 앉아 있는 어린 언니를, 같이 살던 이모가 결혼하면서 자기를 떠나갔다고 자기 엄마 앞에서만 몰래 슬퍼하던 조카를, 뱃속에서부터 이미 엄마, 아빠가 싸우는 소리에 불안해서 쑥쑥 크지 못하던 나의 아이를 상상으로 찾아가 꼭 안아줬다. 그렇게 나와 내 곁의 사람들을 찾아다니며 안아주었고, 또 그런 나를 두 팔로 꼭 안아줬다. 내가 다른 사람의 과거를 찾아가는 것은 나 스스로 그들을 더 이해하고, 쉽게 용서하고, 사랑하고자 함이었다. 나 혼자만의 상상이지만, 내가 찾아간 모두는 내 품에 안겨 서럽게 울고, 웃었다. 한동안 그렇게 했지만, 나의 이런 상상이 어쩌면 내 욕심일지 모르겠다는 생각이 들었다. 사실 내 안의 나를 만나기만도 바빴다. 지금은 누군가 그리운 날, 상대방이 힘들어

보이는 날, 아주 가끔만 그들을 찾아간다. 내 안의 모든 나와 내 인연들, 나와 관계가 있는 모두는 지금의 나를 있게 한다. 그래서 그들을 만나고 오면 고맙고 사랑을 느낀다.

  사람의 기억은 처음 기억된 시점보다 점차 조작되고, 같은 상황을 본 사람들이 다른 기억을 갖고 있기도 하다. 처음에는 어린 시절의 기억이 잘 안 나서 갖고 있는 사진을 보며 그 장면을 이어나가 보았다. 처음에는 도움이 됐지만, 갈수록 사진에서 끄집어낸 그 기억이 실제인지 상상인지 구분이 안 갔다. 나의 인식과 무의식이 반영돼 만들어 낸 의도된 기억이자 상상일 것이다. 하지만 점차 사진과 관계없이 어린 시절 이미지가 갑작스럽게 떠오르곤 했다. 그리고 이제는 내가 할머니가 된 순간을 찾아가 보기도 한다. 또 그런 미래의 내가 지금의 나를 찾아와 꼭 안아주고 잘하고 있다고 말해주는 상상도 한다. 그러면 힘이 난다. 다른 사람의 응원과 사랑도 좋지만, 내가 나를 응원하고 사랑하는 것은 또 다른 감동이 있다. 내 기억이나 상상 속의 나와 타인은 모두 가짜라는 것을 안다. **우리에게 과거의 기억은 믿기 쉽게, 미래의 상상은 믿기 어렵게 프로그래밍되어 있는 것뿐이다. 진짜는 지금 이 순간에만 있다.**

  사실 이 과정은 많이 아프다. 단지 과거의 기억들을 살펴보는 것이지만 내가 나를 찾아가기 두려울 때도 많았다. 그 아픔들을 묻어두고 지내다 보니 점점 무감각해지고 사랑을 잃었던 것이다. 두렵고 힘들지만 이 과정을 지나가는 만큼 치유된다. 원래 나의 모습인 사랑을 알아차리기 쉬워진다.

몇 달이 지난 어느 날 3살 무렵의 내 기억이 다시 떠올랐다. 그 아이에게 다가가니 괜찮아 보였던 아이가 여전히 울고 있었고 나도 같이 울었다. 나는 그 사람을 용서한 줄 알았지만 완전히 내려놓지 못했었다. 한참을 같이 울다 어린 나에게 물었다. "용서할 수 있어?" 지금의 나는 마음이 편해지기 위해 용서를 강요하는 듯해서 이번에는 전적으로 어린 나의 의견에 따라야겠다고 생각했다. 그런데 어린 나는 그 사람을 진심으로 용서하는 듯 고개를 끄덕였다. 내 안에는 내가 모르는 무한한 사랑이 있나 보다.

일기

그리고 한 걸음 더 나아가는 방법이 있다. 공감을 넘어서는 것. 지금의 내가 어린 나라면, 어린 내가 지금의 나라면, 나이 든 내가 지금의 나라면, 지금의 내가 나이 든 나라면, 나아가 내가 당신이라면, 당신이 나라면 어떨지 상상해 보는 것이다. 앞서 이야기한 입장 바꿔 생각하기이다. 우리가 책이나 영화, 드라마에 몰입하고 공감하는 것과 같은 것이다. 다행히 내 현실은 그 주인공들의 현실과 분리되어 있다는 것을 알고 있기 때문에 내가 그 주인공이 돼보는 것이 어렵지 않고 오히려 즐길 수 있다. 앞에서도 말했듯 한 발짝 떨어져서 보면 그럴 수도 있다는 생각을 할 수 있는 것이다. 주인공의 비극에 나도 같이 울고 절망하며, 행복에 같이 기뻐하고, 주인공을 괴롭히는 사람이 괜스레 밉지만 매번 다음 편 드라마가 기다려진다. 거리를 두고 감정을 즐길 수 있는 것이다. 우리 뇌에는 거울뉴런이 있어서 모방과 공감을 할 수 있다고 한다. 그래서 영화를 보는 것만으로도 뇌에서는 실제로 내가 경험한 것과 같이 받아들일 수 있다. 그런데 현실에 적용하기는 참 어렵다. 그게 내 현실이라고 생각하는 순간 우리의 모든 감각이 요동친다.

나는 아이 아빠와의 관계에서 자주 가졌던 이해받지 못하는 마음이 서러웠다. 그 서러움을 있는 그대로 마주하고 괴로움 속에 잠시 있다 보면, 마음이 한결 가벼워진다. 그리고 그다음 내가 그 사람의 입장이 돼본다. 막상 그 입장이 되어보니 나와 마찬가지로 그 사람도 억울하고 이해가 안 가서 답답하다는 것을 알았다. 그렇게 나와 상대방의 마음을 다 느껴보면, 어느 누구도 잘못한 것도, 잘한 것도 없다는 것을 알게 된다. 누구나 표현하는 방식과 믿음이 나와 다를 수 있다. 우리는 각자 자신만의 세계를 만들어 왔기에 다른 것이 당연하다. 이 과정을 통해 내가 상처를 줘서 진심으로 사과하게 되고, 상처를 준 상대를 용서하게 된다. 결국 우리는 **서로의 입장을 바꿔 생각해 보고, 그 마음을 느껴보면 된다.** 역지사지. 우리는 이 단순한 과정을 하지 않아서 마음이 병들어 간다.

양자역학을 조금 더 이야기해 보려고 한다. 양자역학의 중요한 개념인 양자얽힘은 한번 상호작용 했던 적이 있는 두 입자는 서로 아무리 멀리 떨어져 있어도 계속 영향을 미친다는 의미이다. 양자얽힘은 칼 융의 동시성에 관한 이야기와도 닿는다. 동시성은 사람 내부(무의식, 마음, 꿈 등)에서 일어난 것과 외부(의식, 현실)에서 일어난 사건 간의 의미 있는 일치성을 말한다. 나는 어린 시절 이가 빠지는 꿈을 꾸고 엄마한테 말씀드렸더니 "안 좋은 꿈인데."라고 하셨고 이틀 후 할머니가 돌아가셨다. 예지몽이다. 이 꿈의 시간 순서는 아직 일어나지 않은 일을 본 것이므로 시간을 역행한 것이다. 설명하기 어려운 우연이나 기적, 타로카드, 점 등은 동시성에 기반한 것들로 볼 수 있다. 시공간 안에서 운동하는 물질에 관한 아인슈타인의 상대성이론에서는 우리의 시간과 공간은 관측자에 따라서 상대적이라고 한다. 양자얽힘도 상호작용인 것처럼 상대성이론도 관측자와 시공간의 상호작용에 대한 이야기이다. 산꼭대기처럼 높은 곳에 있는 시계가 낮은 곳에 있는 시계보다 아주 약간 빠르게 흐른다고 한다. 이 말은 또, 두 사람이 어떤 한 상황을 같이 보고 나서 다른 이야기를 하는 것과도 같다.

또 아인슈타인은 모든 질량을 가진 물체는 빛보다 빠를 수 없다고 했다. 빛보다 빠르게 정보를 전달하는 것은 말이 안 되는데, 그 전제는 시간이 흐른다는 것이다. 우리는 시간이 흐르지 않는, 시간을 초월한 세상을 경험해 본 적이 없어서 그런 세상을 상상하기 어렵다. 상대성이론에 시공간이 있다면, 양자역학에는 시공간이 없는, 혹은 시공간을 초월한(모든 시간과 모든 공간을 포함한) 양자장이 있다. 양자장(퀀텀필드)은 영점장(제로포인트필드), 필드 등으로도 불리고, 텅 비어 있지만 모든 에너지가 있는 곳이다. 이 에너지는 우주의 모든 지적 정보를 담고 있다고 한다.『반야심경』의 유명한 구절인, "색즉시공 공즉시색"은 눈으로 보이는 세계는 사실 비어 있고, 비어 있어 보이는 것에 실체가 있다는 말이다. 텅 빈 물잔에 물은 없지만 공기가 가득 차 있다.

  이미 많은 물리학자들이 시간은 흐르지 않는다고 말한다. 그런데 시간이 흐르지 않는 세계에서는 양자가 동시에 여러 공간에 존재할 수 있다. 시간이 없는, 관측하기 전의 상태이며, 파동이자 에너지의 상태이다. 하지만 관측하는 순간, 입자의 위치를 알 수 있다. 즉, 관측하는 그때는 시간이 흐르는 중인 것이고 질량을 가진 무언가가 존재하며, 현실로 나타난 것이다. 그리고 관측하지 않은 것은 에너지로 여전히 존재하고 있는 것이고, 우리가 상상이라는 활동으로 관측하는 모든 것은 현실화될 가능성이 있다는 말이다.

  그런데 관측도 상호작용이므로 '관계'가 없이는 불가능하다. 상호작용 하지 않으면 시간이 없는 세계(양자장)의 여러 공간에 동시에 존재하기 때문이다. 상호작용을 하면 시간이 흐르는 세계의 특징대로 하나의 입자는 하나의 공간에만 존재한다. 회사에서 누가 볼 때(관측함, 상호작용의 상태)는 일에 집중하는 모습을 보이지만, 아무도 보지 않을 때(관측하지 않음, 상호작용이 없는 상태)는 일은 잠시 옆에 밀어두고, 검색창에 보이는 연예 기사도 읽고, 메신저로 잡담을 하는 것처럼 일을 할 가능성의 상태로 있는 것과 같다.

  양자역학에는 한참 논의가 진행 중인 양자지우개라는 개념도 있다. 이건 결과가 원인에 영향을 미칠 수 있다는 의미이기도 한데, 상식적으로는 말이 안 되지만 어느 정도는 실험으로 입증이 됐다고 한다. 현재의 내가, 과거의 기억에 대한 관점을 바꿈으로써 나의 현재를 바꿀 수 있다. 내가 나와 다른 사람의 과거를 찾아가 서로의 마음과 입장을 이해하는 것과 같이 과거에 대한 '안 좋았던' 기억을 현재 수정하여 그 기억을 '그럴 수도 있는' 것으로 바꾸는 게 가능하다는 것이다. 앞서 얘기했듯, 그럴 수도 있다는 좋다, 싫다가 아닌 긍정의 자세이다. 그러면 현재의 나는 더 많은 것을 포용하는 나로 살아갈 수 있으며, 나의 미래에도 당연히 영향을 미친다. 알록달록한 선글라스를 끼고 1시간 동안 영화를 보던 사람이 1시간이 지난 후에야, "아, 선글라스 벗고 다시 봐야겠다." 하고 선글라스를 벗고 다시 영화를 처음부터 보는 것이다. 상황은 똑같아도 당연히 다르게 보인다. 네빌 고다드는 이것을 교정이라는 단어로 이야기했다.[11] 과거의 기억으로 돌아가 불편한 부분을 가위로 잘라내고 다른 선택을 하는 것이다. 잘못된 역사를 되풀이하지 않기 위해 기록을 하는 것처럼, **나의 하루에서 불편했던 마음을 되풀이하지 않기 위해 일기가 필요한 것이다. 하루를 돌아보며**(관측) **살핀 마음을 일기장에 풀어낸 후, 다른 선택을 상상**(관측)**해 보고 불편했던 마음을 놓아줄**(교정) **수 있기 때문**이다. 그런 의미에서 기억과 상상은 같다. 상상의 영역에서 시공간은 제한이 없으며, 모든 가능성은 열려 있다. 어린 시절부터 하루하루 내 삶을 교정해 나갔다면 나이가 들어 한꺼번에 큰 고통 속에서 풀어낼 필요가 없었을 것이다. 그리고 일기를 적다 보면 내게 반복되는 비슷한 상황을 더 쉽게 알아차릴 수 있다. 그 반복을 염두에 두고, 또 반복되는 현재를 만난 순간 알아차리고 다른 반응을 선택함으로써, 다른 삶을 만들어 나갈 수 있는 것이다.

정말 솔직한 마음을 적어야 하는 일기쓰기는 숙제로 내주거나 검사하면 안 되는 것이었다. 나는 그때부터 이미 다른 사람이 보는 것이라는 생각에 진짜 내 마음을 솔직하게 적은 적이 없다. 그리고 왜 손에 꼽히는 책들에 개인의 일기가 포함되는지 이제는 알 것 같다. 그 일기의 솔직한 마음들은 우리가 깊게 공감할 수 있는 우리 모두의 공통된 이야기이기 때문이다.

―――

나는 물 흐르듯 사는 게 좋은 것이라 생각했다. 내가 좋아하는 것이 무엇인지 잘 몰라서 그저 주어진 대로 살아가려고 했고, 그럭저럭 잘 살아왔다. 그런데 지금 도착해 있는 곳이 내가 진짜 원하던 삶이 아니라는 생각이 들었다. 나는 물의 최종 목적지는 결국 바다라고 생각해 왔는데, 그 모든 물방울들이 정말 바다로 가고 싶었을까? 하지만 바다에 도착한 물은 또다시 고래의 몸속으로, 하늘의 구름으로, 나무의 줄기로, 우리의 식탁으로, 어디든 새로운 여행을 떠난다. 손으로 얕은 물길을 막아보면 물은 저항하지 않고 손 주변을 감싸고 돌아서 흐른다. 삶은 우리를 지치게 빙빙 돌리는 것 같지만 물처럼 저항하지 않고 늘 새로운 여행을 떠난다면, 결국에는 원하는 그곳에 다다르게 될 것이다. 그리고 또 새로운 여행을 떠나겠지.

목적지

진심과
믿음

내가 편히 하는 이야기

내 주변에는 좋은 사람도 많았고, 나도 다른 사람들에게 주로 좋은 사람이었던 것 같다. 그래서 나는 내가 잘 살고 있는 줄 알았다. 사람들과 별다른 마찰 없이 살아와서 누구와 결혼해도 잘 살 줄 알았다. 그리고 깊은 고민 없이 '이 사람이면 괜찮겠다.'며 배우자를 아주 빠르게 선택했다.

지금 생각해 보면 결혼으로 이어지는 어떤 순간에 복선이 깔려 있었다. 결혼 전 그 사람과 대화하던 중 했던 나의 사소한 말을 기억한다. "여자로서 아이를 낳아 키우는 경험은 정말 대단한 것 같

아. 그래서 남편은 굳이 없어도 되지만 내 아이는 낳아서 키워보고 싶어." 내 바람은 이루어졌다. 사소하다고 했지만, 이상하게도 내가 한 그 말이 강렬하게 기억에 남아 있다. 편안하게 진심을 털어놓는 대화를 잘 살펴보는 것은 자신이 진정 원하는 것을 찾을 수 있는 기회이다.

그 사람과 같이 살게 된 이후부터, 아이를 갖고, 낳고, 키우다 그 집에서 나오기까지의 그 기간은 내 인생의 가장 그늘진 시간이었다. 이후로 아이 문제로 갈등이 심할 때도 아이를 뺏길까 두려움에 떨었지만, 그 시간들이 그렇게까지 괴롭지만은 않았다. 나는 탈출을 꿈꿨던 게 아니라 희망을 꿈꿨다. '더 나아지겠지. 내가 이렇게 하면 그 사람도 달라지겠지. 아이가 있으면 달라지겠지.' 이런 게 딱 희망고문이라는 말이다. 흔히 만날 수 있는 평범한 남자지만, 나에게는 지옥을 선물해 준 사람. 나쁜 사람이 아니다. 단지 내가 받아들일 수 없는 많은 점을 갖고 있던 것이고, 그 많은 점들이란 나도 모르게 내 안에 깊숙이 묻어둔 것들이다. **삶을 변화시키기 위한 방법은 딱 하나밖에 없다. '내가 바뀌는 것'. 바뀐다는 의미는 상대방에게 전적으로 맞추라는 것이 아니라, '나 자신으로 살아야 한다.'는 것이다.** 나는 안정적이고 사랑이 넘치는 가족을 꿈꿨지만, 내 무의식 안의 어떤 기억과 믿음은 '그런 삶은 네게 어울리지 않아.'라며 나의 진실, 진짜 나의 모습을 보여준 것이라는 생각이 들었다. 그리고 이 세상이 내게 이런 삶을 보여준 이유는 '진짜 나의 행복을 찾고, 매일을 감사하며 즐겁게 살라는 것'을 일깨워 주기 위한 것이라고 생각한다.

그리고 나서야 사람들이 왜 명확한 목표를 세워야 한다고 하는지 깨달았다. 내가 원하는 구체적인 목표가 없으면, 둥둥 떠다니는 무의식의 생각들 중 가장 명확한 느낌을 갖고 있는 게 이뤄지는 것 같다. 사람들이 끌어당김의 법칙을 적용시키려고 할 때 어려운 것 중 하나는 '자신이 원하는 것을 모르는 것'이다. 나는 그랬다. 그런 경우 절대로 싫은 것을 먼저 생각해 보라고 했지만 나는 최악을 생각하는 것에 거부감을 갖고 있었다. 그래서 계속 모호한 상태로 내가 원하는 것을 모르며 지냈다. 그렇게 시간을 보내다가 어느 날은 절대 싫은 것, 마주하고 싶지 않은 상황들을 생각해 보니 내가 진짜 원하는 것이 무엇인지 점차 알아갈 수 있었다.

나는 아이가 있더라도 남편을 1순위로 두고 사랑하고 싶었고, 내 인생에 가장 친한 친구로 즐겁게 대화하고 소소한 기쁨을 나누며 살아가고 싶었다. 하지만 내가 생각한 대로 관계가 만들어지지 않으니 점차 그 사람에게 거부감이 생겼고, 어린 시절 무의식에 쌓인 기억으로 남자를 미워하는 마음도 컸던 것 같다. 진정으로 원하는 것을 머리를 굴려서 알기는 어렵다. 그래서 마이클 싱어가 '내맡기기 실험'을 했을 것 같다. 그리고 많은 영성가들이 내려놓으라고 말한다. 내려놓고 내맡기는 것이 마음대로 된다면 좋겠지만, 우리는 그런 경험이 별로 없다. 보통 끝까지 매달리다가 도저히 안 되겠다는 생각이 들 때 포기하듯 내려놓게 된다. **극한 상황에 이르면 어쩔 수 없이 우리는 내려놓음을 당하게 되는 것이다.** 그런데 그 후에는 마음도 편안하고, 일이 예상보다 잘 풀리기도 한다. 또 내려놓는 것이 노력으로만 되는 것도 아니라는 것을 알았다. 그 역시 내 감정을 깊숙이 들여다보고 보듬어 주지 않으면 무의식에서는 쉽게 내려놓지 않는 것 같다.

예전에 원치 않게 내려놓음을 경험한 적이 있다. 아이가 돌이 안 된 무렵, 아이를 재우고 나면 저녁 설거지를 시작했다. 설거지만 끝내면 쉴 수 있다는 마음에 언제나 간신히 설거지를 해내고 나서야 자러 들어갔다. 유난히 지치고 온몸이 아프게 느껴지는 날에는 나도 모르게 눈물이 흘러나왔지만, 그래도 다 끝내고 자야 마음이 편안했다. 우리 부모님께서는 늘 밥을 먹자마자 설거지를 하셨다. 자기 전에 설거지를 끝내지 않으면 집 안에 냄새가 배거나, 벌레가 날아다닐 수도 있고, 지저분한 게 있어서 잠이 안 올 거라고 생각했다. 그런데 그 사람은 나에게 "힘들면 딱 놓고 들어가서 쉬어."라고 했다. 설거지를 3분 정도만 더 하면 끝나는데, 나는 그만하라는 그 사람을 이해할 수 없었다. 그것 때문에 몇 번의 다툼이 있었고, 언젠가부터는 싸우고 싶지 않아서 힘들면 바로 방에 들어가서 쉬었다. 내려놓는 것을 강요당했다. 그리고 나는 하던 일을 3분을 못 참고 그만둬도, 집 안에 음식 냄새가 다음 날 아침까지 풍겨도 된다는 것을 알게 됐다. 우리가 힘들고 마음 아파하며 살아가는 것은 자신만의 믿음을 치열하고 집요하게 우기며 흐름에 내맡기지 못하기 때문일 것이다.

선글라스를 벗는 연습

아이 아빠에게 아이를 보내기로 한 3개월 동안 일을 시작해야겠다고 생각했다. 이혼과 양육에 대해 아직 어떤 것도 결정되지 않은 상태였고, 외국에서 처음 취업하려는 것이었다. 영어가 부족한 상태로 예전에 한국에서 하던 일을 다시 하기는 어렵다는 생각이 들었고, 무엇보다 나 자신을 돌아보고 치유할 시간도 필요했다. 그래서 3일 정도만 일하고 싶다는 생각을 했고, 그때는 차가 없었으므로 집에서 멀지 않은 곳이길 바랐다. 일할 결심을 하고 친구 둘에게 일자리가 없는지 연락을 해두었더니, 다음 날 한 친구에게 답이 왔다. 정말 오랜만에 연락해 온 사람이 자신의 가게에서 일할 사람을 찾는다고 했다고 말이다. 나는 바로 전화를 했고, 며칠 후 면접을 봤다. 면접 날 바로 내게 1주일에 3일만 일해도 좋고, 시간도 편한 대로 하라고 했다. 내 사정을 다 봐주면서 할 수 있는 일을, 내가 원하던 대로, 바로 찾았다.

그런데 며칠 일하면서 보니 무거운 것들을 들어야 했다. 나는 예전부터 손목이 약했는데, 아이를 키우면서 더 많이 아파서 걱정이 됐다. 마음속으로 '아, 잘못 고른 일인가?' 생각했는데, 갑자기 스치는 생각이 있었다. 30대의 나는 "일주일에 3일만 일하고 싶어. 반은 몸 쓰는 일, 반은 머리 쓰는 일을 하고 싶고."라고 사람들에게 이야기하고 다닌 기억이 떠올랐다. 그때는 사무실에 앉아 머리만 굴리며 지내서 온몸이 삐거덕거린다는 생각이 들었고, 몸도 쓰는 일을 해야 더 건강하고 재미있을 것이라고 생각했다. 그리고 지금 딱 그 상황이 됐다. 나는 지금 3일은 밖에 나가서 일하고 나머지 날들은 자유롭게 하고 싶은 일을 하고 글을 쓰며 지내기 때문이다. 다시 감사하는 마음으로 일을 했다. 벌써 1년이 지난 지금은 손목에 근육이 붙었는지 전처럼 손목이 아픈 일이 없다.

내게 딱 맞는 일자리가 끌려왔고 그 일자리는 나를 끌어당겼다. '아! 이게 정말 자석 같구나!' 나는 끌어당김을 하려고 노력하지 않았고, 진심으로 원한 일은 바로 현실이 됐다. 다시 생각해 보면 명확히 알아차릴 수 있는 이런 상황들이 꽤 많았다는 것을 알게 됐다. **내가 살아온 이 과정이 나의 진심들로 만들어졌다.** 진정으로 내가 원했던 결과들인 것이다. 나의 무의식과 의식이 같이 추구하는 것은 아주 빠르게 현실에 나타나고, 주로 나의 모든 진심을 담고 있는 무의식이 내 세상을 만드는 것이라고 생각한다. 그리고 삶이 자신이 생각하는 대로 돌아가지 않는 건, 의식과 무의식 간의 차이가 있다는 것이다. 나도 꽤 해봤지만 애써 의식적으로 확언을 하고 100

번 쓰기를 해도, 나의 깊은 무의식에서는 그 말을 인정하지 않기 때문에 상황이 바뀌지 않는다. 오히려 현실과의 괴리감을 더 키울 수도 있다. 그래서 우리의 믿음이 가득 담겨 있는 무의식을 들여다볼 필요가 있다. 의식과 무의식의 차이, 그 틈을 메꿔나가는 것이 내가 진정 원하는 삶을 펼치는 것이다.

그런데 나의 진심인 것 같은 무의식이 늘 내가 생각하는 올바른 방향을 추구하는 것은 아니다. 무의식에는 오랜 기간 돌보지 않고 쌓아둔 두려움도 가득하기 때문이다. 나는 어린 시절 수영장 깊은 곳에 빠져서 허우적댄 이후로 물을 무서워하게 됐다. 그리고 초등학교 1학년 방과 후 활동으로 수영을 했는데, 선생님은 아이들을 물속에 던졌다. 그 이후로 나는 수영장을 싫어했고, 바닷가나 계곡에서 무릎 위로 오는 물에 몸을 담그는 것도 꺼려 했다. 수영복 입은 몸을 보이기 싫어서도 수영장에 가능한 가지 않았다. 이미 더 어린 시절 수영을 배웠기 때문에 나는 기초적인 수영법을 알고는 있다. 하지만 오랜 기간 연습하지 않았고 물을 무서워하다 보니, 물놀이를 좋아하는 딸아이와도 수영장에 가기 싫었다. 하지만 아이가 저렇게 좋아하는데, 같이 하고 싶다는 생각이 들어 수영을 등록했다. 아마도 다시 내 의지로 수영장에 간 것은 35년 만일 것이다. 기초부터 배우기 위해 수영 레슨을 받으러 갔는데, 나는 수영장 탈의실에서 미끄러지고 말았다. 나는 조심성도 많고 천천히 움직이는 편이며, 안 그래도 미끄러운 바닥이니 발을 조심조심 딛고 있었다. 그럼에도 넘어지다니. 눈물이 핑 돌게, 혼자 일어서기도 힘들 정도로 아팠다. 나의 무의식은 '너 수영하다 물에 빠져 죽을 수도 있어. 얼른 집으로 돌아가.'라고 하는 것 같았다. 화가 났다. '괜히 왔나?' 그렇지만 한편에서는 '나 수영하고 싶어. 예전엔 물놀이 참 좋아했는데.' 하는 생각도 들었다. 그게 나의 의식인지, 물을 무서워하는 무의식보다 더 깊숙이 자리한 아주 작은 무의식인지 잘 모르겠지만 내 안에서 나온 목소리였다. 사실 친구들이 수영장에 놀러 가거나, 인어공주처럼 수영하는 조카를 보면 부럽기도 했다. '그래. 우선 한 번만 해보자.' 두려웠지만, 막상 물속에 들어가니 편안하고 즐거웠다. 넘어진 것도 다행히 별 이상이 없었다. 그리고 두 번째 주에 가서 수영을 잘하고 돌아왔지만, 지독한 인후염에 걸렸다. 1주일을 넘게 내리 아프고 나는 알았다. '나는 어른인데. 뭘 무서워. 나는 다 할 수 있어!' 이런 생각으로 물이 너무 무서운 어린 나의 아픈 마음은 돌보지 않고, 또 벼랑으로 내몰았다는 것을. 나는 건강했지만 어린 시절부터 목감기를 달고 살았다. 감기가 아니어도 여러 가지 목 질환이 꾸준히 있었다. 이제 생각해 보면 내가 목이 자주 아픈 것은 말로 표현하지 않던 것들을 배출하라고 나에게 주는 신호였던 것 같다. 여러 가지 우여곡절 끝에 나는 다시 수영장에 자발적으로 가게 됐다. 하지만 여전히 물을 무서워하는 아이는 내 안에 있고, 가끔 깊은 곳에 가면 얼른 얕은 곳으로 돌아간다. '물에 대한 거부감이 점차 줄어들겠지.' 싶기도 하고, '아님 말고.' 하는 생각도 든다. 하지만 앞으로는 '물을 무서워하는 어린 나의 마음을 무시하지 말아야지. 언제든 그 마음이 또 들면 꼭 안아줘야지.'라는 생각이다.

「습관」의 마지막에서 이야기했던 대로 여전히 나는 내 마음을 제대로 돌보지 않고 채찍질하고 있었고, 내 안의 또 다른 나는 조용히 반항하고 있었다. 아이가 나와 지내다가 아빠에게 간 날부터 며칠은 무덤덤했다. 나는 내 마음이 괜찮은 것이라고 생각했지만 도무지 아무것도 할 의욕이 나지 않았다. 나는 '괜찮아. 아이가 가서 잘 지내고 있잖아. 아빠가 잘 돌보잖아. 언제든 아이가 돌아올 수 있는 환경을 만들어야지. 그렇다면 나는 지금 할 일이 있어.'라는 생각을 하고 있었다. 그런데 또 알아차린다. '괜찮지 않잖아! 또 습관적으로 괜찮다고 눌러놓고 있었구나.' 정말 괜찮지 않다는 것을 늦게나마 알아차리고 하루 종일 울고 나면, 힘이 난다. 그리고선 다시 잘 지낼 수 있다. 반복하고 있지만 점차 빨리 알아차리고 있고, 매일 나와 친해지는 중이다.

내가 생각하는 우리의 삶은 시크릿, 끌어당김의 법칙이 작용한 결과이다. 앞서 얘기한 대로 나의 삶은 내 진심으로 만들어져 있다. 말도 안 된다고 생각되겠지만, 나는 좋지 않았다고 받아들인 일들이나 끔찍하고 인정하기 힘든 사건들조차, 나의 진심과 믿음에서 만들어진 것이라고 생각한다. 물론 우리는 의식과 무의식을 구분하기 모호하고 명확한 답도 알 수 없으며, 나 혼자 살아가는 세상이 아니기 때문에 다른 사람들과의 관계에서 예상치 못한 힘이 작용하기도 할 것이다. 물론 이건 나의 믿음일 뿐이다. **나의 진짜 마음.**

이건 노력해서 찾는다고 찾아지는 것도 아니지만, 알기 위해 애쓰지 않으면 절대 찾을 수 없는 것 같다. 그래서 나는 내 삶에 끌어당김의 법칙을 이용하기 위해 애쓰고 있지는 않다. 내가 쉽게 일자리를 구했던 것처럼, 내가 나의 진심을 알아차리고 행동하면 그 일은 쉽게 진행될 것이고, 원하는 대로 되지 않는다면 거기엔 이유가 있을 것이기 때문이다. 그 이유를 짚어보고, 꾸준히 나의 직감을 알아차리는 능력을 키우는 것이 좋겠다는 생각이 든다.

많은 사람들이 끌어당김의 법칙이 거짓이라고도 하는데, 나는 여러 가지 이유가 있다고 생각한다. 나처럼 진정으로 원하는 것을 잘 알아차리지 못하는 사람들이 많고, 그건 자신의 느낌에 둔해졌기 때문일 것이다. 자신도 모르는 사이에 원하지 않는 상황을 더 많이 생각하고 있고, 원하는 것이 이루어지는 데 걸리는 시간을 기다리지 못한다. 또 영감이 떠올라도 적어두거나 행동하지 않는다. 그리고 이 모든 이유 중 가장 중요한 것은 100% 믿지 않기 때문이다.

앞서 말한 양자역학은 '내가 보는 방식대로 세상이 펼쳐진다.'였다. 그 '보는 방식'을 '선글라스를 쓰고 세상을 본다.'고 설명할 수 있다. 우리는 다 자신만의 고유한 인식이라는 선글라스를 끼고 있다. 사람들은 현실에 만족하지 못하고 뭔가 불만이 있을 때, 안개나 먹구름이 낀 것처럼 현실이 답답하고 어둡다고 이야기한다. 그리고 자신이 원하는 미래는 맑고 밝기를 바란다. 그런데 자신이 쓴 선글라스의 렌즈가 상처가 잔뜩 나 있거나 어두운 색일 수 있고, 그

렌즈를 통해 현실을 보면 진짜 현실과 다르게 보일 수 있는 것이다. 그래서 "미래에는 그 선글라스를 벗게 될 겁니다. 지금 당장 내 몸에 익숙한 선글라스를 벗기가 어색하다면, 벗은 것처럼 생각하고 살아보세요."라고 제안하는 게 시크릿, 끌어당김의 법칙이다. 그리고 반대말인 것 같은 현존, "지금 이 순간을 살라."고 하는 건 "지금 당장 선글라스 벗으면 됩니다."라고 제안하는 것이다.

결국 두 이야기 모두 선글라스 벗고 자연광을 즐기며 살라는 이야기가 아닐까? 자연스러움. 우리는 해의 소중함을 누구나 알고 있다. 그럼에도 불구하고 눈이 부시거나 뽀얀 내 피부를 까맣게 만드는 것 같으면, 햇빛을 싫어하거나 피한다. 하지만 춥고 습하고 어두울 때는 햇빛을 그리워한다. 우리는 사람뿐 아니라 심지어 태양도 조건부 사랑을 하고 있다.

우리가 처음 선글라스를 낀 목적은 해가 쨍쨍한 시간에 강렬한 빛에서 눈을 보호하기 위해서였을 것이다. 그런데 시간이 갈수록 남들보다 더 돋보이기 위해, 남들도 다 쓰니까, 가끔은 내 눈빛을 다른 사람들에게 보이지 않기 위해, 필요 이상으로 선글라스를 끼기도 한다. 우리가 자아, 내가 누구인지에 대한 인식이라고 말하는 에고는 남들과 구분되는 나만의 특별함과 고유함을 갖기 위해 생겨났을 것이다. 하지만 자라면서 두려움이 커진 에고는 남들에게 상처받지 않기 위해, 자신이 원하는 모습으로 보이고 싶어서 자신만의 특별하고 고유한 면모를 가려버린다.

너무 눈이 부실 때, 선글라스가 없으면 눈을 보호하기 위해 손으로 그늘을 만들어 빛을 가리는 것처럼 우리에게 선글라스가 필요할 때도 있다. 그렇게 나를 주변 환경에 적응시키고 보호하기 위해 에고가 필요할 때가 있었다. 하지만 우리는 선글라스를 벗는 방법을 잊었고, 에고의 고집으로 무장한 채 살고 있는 것이다. **선글라스를 벗으면 자연스러운 나의 본성이 드러난다. 그리고 나는 그 본성이 사랑이라고 믿고 있다.**

이해라는 경계선

누군가는 에고를 죽여야 한다는 말도 한다. 우리 마음을 괴롭게 하는 사랑받고 싶고 인정받고 싶은 욕구, 무언가를 추구하는 욕망이 에고로부터 나오기 때문이다. 그런데 우리는 사랑받고 인정받는 것이 좋고, 세상에 재미있고 신나는 일이 넘쳐나는 것도 알고 있다. 영성가들의 책을 접하면 모든 욕구, 에고를 내려놓고 그저 사랑 안에서만 살아갈 수도 있는 것 같다. 그리고 내가 감히 상상하지 못할 황홀함과 평안함이 있다고 한다. 하지만 나는 여전히 내 에고도 사랑하고, 이 세상의 감정을 느끼며 사는 것이 재미있다. 여기까지가 내가 살짝 발을 담근 영성의 세계이다.

그런데 에고를 죽이려 든다면, 지렁이도 밟으면 꿈틀하듯 에고도 어느 순간에는 폭발하지 않을까? 에고를 죽인다는 표현이 마음에 걸리는 건, 내 에고가 아직도 강하기 때문인 것 같다. 나는 마음을 돌보는 것을 급하게 진도를 빼듯 하려고 하지는 않는다. 그래서 우리는 연습을 통해 자유자재로 선글라스를 벗었다 꼈다 할 수 있게 된다고 생각한다. 내(참나)가 에고의 이야기에 귀 기울이면서 '그래. 뭐든 좋아. 그리고 혹시 궁금하다면 이런 길도 있어.'라고 한 번쯤 이끌어 주고, 시간을 갖고 기다려 주는 것, 그래서 에고도 점차 내 안의 진심에 귀 기울이게 되고, 그렇게 에고와 내가 편하게 소통하는 것이 선글라스를 자유자재로 벗었다 썼다 하는 것이 아닐까 생각한다.

아이가 마트에서 "나 집에 가기 싫어!"라고 한다고 정말 아이를 놓고 가는 부모는 없다. 하지만 보통 부모는 화가 난다. 윽박지르고 협박해서 데려가지 않고, 차분히 이야기를 들어보면 아이 나름대로 다 이유가 있다. 어른 입장에서는 그 이유가 합당하지 않겠지만 "그랬구나. 아, 그렇게 하고 싶었어? 그런 마음이었구나." 하면 아이는 부모에게 이해받고 받아들여졌다고 생각해서 마음이 편안해진다. 그리고 자신의 고집을 누그러뜨리고 눈물을 그치며 부모의 손을 잡는다. 누구에게나 다 이유가 있고, 누구나 사랑의 행동을 하고 싶어 한다. 그래서 우리는 내 입장에서는 아이가 요구하는 것이 도저히 이해가 가지 않고, 엉뚱하고, 억지스럽지만 그럼에도 불구하고 받아들여 줄 수 있는 것처럼, 다른 사람을 대하면 된다. 정말 말이 안 통하고, 고집만 부리는 어른들도 많지만, 그저 3살 아이와 대화하는 것처럼 그 사람의 불편한 마음을 받아들여 준다면 갈등이 조금은 줄어들지 않을까 생각한다.

그렇게 보면 **우리는 모두 이해받고 싶은 것뿐이다.** 두렵고, 불안하고, 화나고, 괴롭고, 짜증 나고, 우울하고, 비참하고, 지치고, 걱정하고, 초조하고, 비관적이고, 고독하고, 실망하는 이런 종류의 모든 부정적 감정, 불편한 느낌을 이해받고 싶어 한다. 그런데 재미있게도 신이 나고, 감동적이고, 평화롭고, 감사하고, 쾌활하고, 뿌듯하고, 흥겨운 느낌이 드는 편안한 느낌일 때 우리는 누군가의 이해를 요구하지 않는다. 이해받지 않아도 그 자체로 좋은 느낌이기 때문이다. 그래서 사랑과 두려움, 편안한 느낌과 불편한 느낌 사이에는 이해라는 경계선이 있는 것 같다. 그 이해를 남이 해주면 좋겠지만 그렇지 못한 경우가 많고, 스스로 해결하지 못해 내 안에 부정적 감정이 쌓여간다. 남에게 바라지 않고 나 스스로 나를 이해하면 되는 것인데, 그걸 모르고 있었다. 우리가 힘이 들 때 누군가의 단 한마디도 필요 없이 포근한 품만 있어도 되지만, 우리는 자신의 품을 서로에게 흔쾌히 내줄 줄 모른다. 이해를 위해서는 논리가 아닌 마음이 필요하지만 그 마음을 서로서로 무겁게 느낀다. 그건 우리가 감정, 마음을 억압하는 데 익숙하기 때문이라고 생각한다.

징징대고 우는 아이의 말을 듣는 것도, 에고의 말을 듣는 것도 정말 쉽지 않다. 처음 에고를 마주한 나는 나 자신에게 차가운 얼굴로

'어디 한번 말해봐.' 하는 눈빛을 보내고 있었다. 그러다가 버벅대거나 또렷하게 말하지 않으면 한숨을 쉬고 버럭 해버리기 일쑤였다. 나는 사람들 앞에서 잘 웃는 편이지만 웃고 있지 않을 때는 차갑고 무서워 보인다는 말을 자주 들었다. 그럼에도 '사람들 다 그런 거 아닌가.'라고 생각하고 말았다. 어느 날 언니가 찍은 나와 딸아이의 동영상을 봤다. 영상 속의 나는 아이와 눈이 마주칠 때는 방긋 웃었다가, 아이가 돌아서 뭔가를 할 때는 다시 아주 무감각하고 냉소적인 표정으로 아이의 뒷모습을 보고 있었다. 그게 바로 평상시의 내 모습이었다. '나는 참 냉담하구나. 내가 나한테도 이렇게 차가웠네.' 하는 생각이 들었다. 지금 바로 거울이나 핸드폰에 비친 자신의 모습을 잠시 바라보면, 자기 자신에 대한 태도를 알 수 있다.

우리가 있는 그대로의 나의 모습, 선글라스를 벗은 나의 모습을 사랑하면 좋겠다. 그게 나 스스로 나를 이해하는 방법이다. 선글라스를 벗고 나 자신을 사랑하기 위해 많은 사람들이 공통적으로 제안하는 연습 방법 역시 명상이다. 세상에 정말 다양한 명상법과 이야기들이 있지만, 주로 내가 하는 것은 내면아이를 만나는 것과 알아차림이다. 내 안에 남아 있는 어린 시절의 기억을 떠올리며 다양한 모든 나를 온전히 받아들이는 것이 내면아이를 만나는 것이다. 내면아이 치유라는 말을 많이 쓰는데 나는 치유라는 말이 어색하다. 치유할 대상이 있는 것이라기보다는 내가 잊고 있던 내 안의 다양한 어린 나를 만나서 이야기를 들어보고 지금의 내가 그 아이의 존재 자체를 받아들이는 것뿐이다. 그렇게 수많은 나 자신을 받아들이고 지금 현재의 나와 통합되면서 진정한 나 자신이 되는 것 같다. 그게 있는 그대로의 내 모습을 사랑하는 것이다.

그리고 알아차림은 호흡의 감각에 집중하려던 내가 다른 생각을 하고 있는 것을 알아차린 후 다시 호흡으로 돌아오는 것이다. 이 알아차림은 호흡에만 집중하는 것이 아니라 어디에든 다 적용할 수 있다. 걷고 있을 때 나의 오감이 어떤 이야기를 하는지 그 이야기를 들어주는 것, 설거지를 하든, 이를 닦든, 반려동물을 쓰다듬든 그때의 나의 감각들에 집중하고, 집중에서 멀어졌을 때 다시 그 생각을 제자리로 가져오는 것, 그게 알아차림이다. 그런데 알아차림은 쉽지 않다. 처음에는 마음대로 되지 않아서 한숨이 나왔다. 그런데 그것도 마음 편히 하다 보니 쉴 새 없이 생각이 여기저기로 날뛰는 나를 보다 웃음이 나기도 한다. 자기 전에 나는 허리를 펴고 앉아서 잠시 깊은숨을 쉰다. 그것만으로도 몸에 긴장이 풀려서 목이나 허리 통증이 줄어든다. 나는 명상이라는 것을 시도하는 자체만으로도 긴장이 풀리며, 통증이 줄어든다고 생각한다. 나는 전문 명상가가 아니고, 명상으로 큰 뜻을 이루고자 하는 바도 없다. 그래서 명상이 잘되지 않을 때는 기분 좋은 상상을 하다가 잠이 든다.

그리고 종종 명상 중에 정말 행복하고 기쁜 마음에 소름이 돋기도 한다. 소름이라는 단어 자체가 내게는 부정적인 뉘앙스를 갖고 있어서, 그 느낌이 이상했다. 그런데 상쾌한 공기와 아침 햇빛을 받으며 감사함을 느낄 때, 사랑받는 느낌이 들 때, 지인의 아이가 태어나서 정말 축복하는 마음이 들 때, 혹은 이 시대에도 전쟁으로 사람들이 죽어가는 소식을 들을 때, 눈물이 흐르며 소름이 돋았다. **나는 내 온몸의 세포가 자신을 알아봐 주어 고맙다고 신이 나서 팔짝팔짝 뛰어대는 것 같았다.** 행복하든 슬프든 진심을 느낄 때 소름이 돋았다. 한국어 사전에 소름은 부정적인 의미만 나와 있지만, thrilling 이라는 영어 단어는 '소름 끼치는'이라는 뜻과 함께 '황홀한'이라는 뜻도 갖고 있다. 나는 종종 명상을 통해 황홀감을 느낀다.

보이지 않는 것을 볼 수 있는 능력

얼 나이팅게일의 『사람은 생각대로 된다』라는 책의 제목 그대로 우리는 우리가 생각하는 대로 된다.[12] 헨리 포드는 "당신이 할 수 있다고 생각하든 할 수 없다고 생각하든 당신이 옳다."고 했다. 하지만 우리는 "내가 이걸 어떻게 해? 나는 그런 사람이 아니야. 그런 일은 나랑 잘 안 맞아."라는 말들을 아주 쉽게 한다. 그리고 자신이 그런 말과 생각을 하는 것을 전혀 인식하지 못한다. 자신이 해낼 수 있다는 걸 믿지 못하는 사람들은 그 믿음으로 스스로 자신의 한계를 정해버려서 보통은 해낼 수 없게 된다.

우리의 생각, 감정, 행동은 무의식중에 있는 믿음으로부터 나온다. 앞에서도 말했지만 무의식과 의식의 생각이 같은 방향이 아니면, 내가 원하는 대로 잘되지 않는다. 콩 심은 데 콩 나고 팥 심은 데 팥 나듯, 진짜 자신이 원하는 생각의 씨앗을 심으면, 원하는 대로 자랄 것이다. 그런데 이게 어려워서 생각대로 씨앗을 심었다가 '그게 될까? 이렇게 되면 어쩌지?'라고 의심하면서 원하던 생각의 씨앗을 파헤친다. 그렇게 원하지 않는 씨앗을 심었다가 또 '안 돼. 그럼 안 되지. 다시 원하는 걸 생각해야지.' 하면서 원하는 생각을 다시 심는다. 그게 몇 번 반복되고 나면, 또 의심이 들어도 파헤치려다가 꾹 참을 수 있게 된다. 하지만 이번에는 원하는 생각에 물을 뿌려주거나 햇빛을 쬐어주지는 않는다. 돌보지 않은 씨앗의 싹은 올라오지 않고 주변에 잡초가 더 빨리 자란다. 그렇게 그 씨앗은 잡초에 밀려 싹을 틔우지 못하고 흙 속에서 썩는다.

내게는 강력한 프로그래밍이 있었다. 우리 아빠는 내가 걱정이 없어서 걱정이라고 자주 말씀하셨다. 그래서 어쩌다 내가 걱정에 빠져 있는 것을 알아차리면, '아냐. 난 걱정하는 사람이 아니야. 걱정해서 뭐 해. 어떻게든 되겠지. 모르겠다.' 하고 끝내버리곤 했다. 아빠는 정말 내가 염려돼서 하신 말씀이지만, 나는 오히려 더 걱정을 안 하는 사람이 됐다. 우리 아빠는 정말 쓸데없는 걱정을 하셨다. 물론 나도 예전에는 그게 걱정거리일 수도 있겠다고 생각했는데, 지금은 걱정을 안 하고 지내는 습관이 정말 감사한 일이라는 것을 알고 있다. 또 사주를 보면 "평생 부모덕 보며 산다. 평생 부족한 것 없이 산다."는 말도 자주 들었다. 그래서인지 나는 부모님이 언제나 나의 든든한 지원군이라는 생각이 있다. 이제까지 그래왔고, 앞으로도 그럴 것이라는 확실한 믿음이 있다.

 나는 결혼생활 중 종종 물었다. "왜 날 못 믿어?" 그 사람은 자신이 다른 사람들의 믿을 수 없는 정보들로 어떤 피해들을 당한 적이 있기 때문에 확실한 게 좋다고 했다. 이해는 가지만 나를 믿어주지 않는 그 사람이 원망스러웠다. 그런데 세상에 확실한 게 있을까? 그 당시에는 나도 확실한 것을 찾아 정확한 답을 하기 위해 증거를 찾아 헤맸다. 결국 나는 내 눈으로 확실하게 볼 수 없던 그 사람의 사랑을 믿지 않게 됐다. 상대방에 대한 믿음이 없다는 것은 상대방을 존중하지 않는 것이고, 있는 그대로 받아들이지 않겠다는 의미이다. 진실한 사랑을 증명할 방법은 무엇일까? 역시 상대방의 행동과 말을 받아들이는 모든 것은 자기 자신에게 달려 있을 뿐이다.
 그 당시 친한 친구들과 가족들은 여러 가지 조언과 충고를 해주었지만 그런 말들은 전혀 귀에 들어오지 않았다. 현실적이라는 조건을 붙인 조언들은 전혀 현실적이지 않고, 오히려 나를 그 괴로운 자리에 붙잡아 두는 족쇄가 됐다. 그런데 '나는 더 잘 살아야겠다. 더 잘 살고 싶다.'는 마음이 들게 만들어 준 친구가 있다. 내가 가진 고마운 습관 중 하나는 친구들의 생일을 잘 기억하고 짧은 메시지라도 보내는 것이다. 1~2년에 한 번쯤 연락하던 친구의 생일날 생일축하 메시지를 보내고, 친구와 소소한 대화를 했다. 자세한 이야기를 하지 않았던 상황에도 그 친구는 내게 "넌 정말 소중한 사람이야."라고 했다. 그 한마디는 내 마음속 얼음벽을 한순간에 녹일 수 있는 강력한 말이었다. 내 안에 다시 사랑의 불빛이 활활 타오르기 시작했다. 물론 아이 아빠와 대화하면 다시 두꺼운 얼음벽을 순식간에 만들어 냈지만 그때부터 나는 사랑의 불빛이 커졌다 작아졌다를 반복하며 나 자신으로 회복하기 시작했다. **'넌 소중한 사람이야.'는 상대방의 존재 자체를 그대로 인정해 주는 사랑의 말이다. 나도 나를 안 믿었지만, 누군가는 나를 믿어준다는 강렬한 느낌은 나를 살려냈다.**

원하는 믿음이 생긴다면, 밤이 지나면 아침 해가 뜨는 것처럼 당연하게 믿어야 한다. 밥 프록터의 강연에서는 "믿음이란 보이지 않는 것을 볼 수 있는 능력"이라고 했다. 이 말을 듣기 전까지 믿음에 대해서 생각해 본 적이 없었다. 우리는 눈에 보이지 않는 공기가 내 주변에 있다는 것을 믿고 있고, 당연하게 받아들인다. 내 삶은 나의 기쁨과 행복을 위해 펼쳐진다는 것, 우리는 사랑을 주고받기 위해 태어났다는 것, 내가 필요한 것은 내게 당연히 주어진다는 것을 믿는다면 삶이 참 가벼워질 것 같다. 그래서 믿음이라는 것은 정말 대단한 능력이다.

예전의 나는 이런 말을 믿어왔다. '사람 절대 안 변해.' 그리고 지난 2년간 생각이 바뀌면서 이렇게 믿어왔다. '사람은 타인에 의해서는 절대 바뀌지 않는다. 진정 자신이 원한다면 사람은 누구나 바뀐다.' 하지만 이제는 '모든 것은 변한다.'는 것을 믿음을 넘어서 알고 있다. 사람을 포함한 모든 것은 진동하는 에너지이기 때문에 늘 시시각각 변하고 있다. 그리고 '사람 절대 안 변해.'의 진짜 의미인 성격적인 특징을 이야기한다면, 시간이 지날수록 더욱 고약하게 변하거나 혹은 자신이 원하는 대로 변한다. 하지만 보통 고약한 성격도 나이가 들면 한풀 꺾여 보일 때가 많다. 그건 결국 버티고 버티다 내려놓음을 당해서가 아닐까? 왜곡된 믿음을 바꾸는 것, 선글라스를 벗어두는 것이 어려워서 삶에서 허우적대지만, **삶이란 결국 '믿음'에 관한 것이다. 내가 살아가기에 편안하고 좋은, 내게 맞는 믿음을 심어놓으면 된다.**

나의 길 찾기

목적지

감정적 독립

'내가 정말 원하는 삶이 뭐지?' 괴로움에 빠져 있던 그 당시의 내게는 돈도 건강도 명예도 필요한 게 아니었다. 단 한 가지 떠오른 것은 '자유', 이 자유를 생각해 내기는 다행히도 어렵지 않았다. 나는 뮤지컬 「엘리자벳」 중 정말 좋아하는 넘버가 있는데, 30대의 내가 가장 많이 들은 노래이기도 하다.[13] 오스트리아 황제와 결혼한 자유로운 영혼의 황후 엘리자벳이 시어머니의 간섭과 엄격한 황실의 규율에 지쳐 자유를 갈망하는 '나는 나만의 것'이라는 노래다.

정말 화려하고 아름다운 모습을 한 엘리자벳은 자신의 인생을 자신이 원하는 대로 살 것이라고 자유를 향해 노래한다.

그렇게 나는 인생의 자유를 찾기 시작했다. 그런데 자유라는 게 뭘까? 나는 드라마나 책을 보면서 감정에 휩말리고 눈물이 매우 많았지만, 막상 현실에서 사람들이 내게 상처 되는 말이나 행동을 했을 때는 마음속에 묻어두고 아무렇지 않은 척해 왔다. 나는 꽤나 소신 있게 살아왔다고 생각하지만, 가능한 다른 사람들의 기준에 맞춰 행동하려고 했다. 그들의 감정을 내가 망치고 싶지 않았기 때문이고, 그래서인지 내 주된 감정은 억울함과 슬픔이었다. 그래서 나에게 자유란 다른 사람들의 생각, 행동, 감정, 평가 등에 휘둘리지 않는 온전한 내 삶을 사는 것이다. 즉, 감정적 혹은 정서적 독립을 의미한다. 그리고 그 감정적 독립을 원하는 것은 나 스스로 내 기분을 좋게, 마음을 편안하게 유지하고 싶어서이다. 물론 자유로운 삶을 위해 신체적, 경제적 독립도 매우 중요하다. 그렇지만 다른 사람들의 시선에서 자유로워지면 신체적, 경제적 자유의 중요도는 생각보다 낮아진다.

많은 책에서 자유를 찾기 위해서는 "나를 알아야 한다."고 했다. 보통 우리는 자기 자신을 충분히 안다고 생각한다. '내 성격은 이렇고, 저렇고, 나는 이런 장단점을 갖고 있어. 이런 상황에 나는 이렇게 행동할 거야.' 같은 생각들을 한다. 하지만 그건 진짜 내가 아닌 내가 생각하는 나, 에고를 아는 것이다. 자기 자신을 안다는 것은 습관과 관계에 관한 것이다. 책의 전반부에서 이야기한 대로 **믿음을 기반으로 한 나의 습관과 그 믿음에 따라 내가 타인과 관계를 어떻게 맺고 있는지 아는 것이 나를 아는 것이다.**

그런데 자유가 목적지가 될 수 있을까? 매 시각 우리는 현재를 살고 있다. 우리 삶의 목적지는 내가 가고자 하는 미래의 모든 순간일 것이다. 10초 후, 10분 후, 10일 후, 10년 후, 그리고 내가 죽는 순간. 나는 그때가 언제든 자유로운 삶, 특히 감정적 독립의 상태이고 싶다. 앞으로의 내 삶이 쉽다거나 슬픈 일 따위는 없을 것이라고 생각하지 않는다. 하지만 언제든 나는 나 자신을 존중하고 내 모습 그대로를 사랑할 것이다.

생각해 보면 우리 모두는 기분 좋은 상태를 원한다. 내가 어떤 것을 원하거나 특정한 행동을 하는 것은 내 기분이 좋아질 무언가를 하는 것이다. 만약 복수를 꿈꾸는 사람은 그것을 통해 통쾌함을 느끼고 싶은 것이고, 누군가를 무시하는 행동을 하는 사람은 그것을 통해 우월함을 느끼고 싶은 것이다. 우리는 자신이 원하지 않는다고 생각하는 행동을 하고 나서 후회를 한다. 하지만 그 행동들도 마찬가지로 자신이 원했던 행동이다. 화를 내는 사람은 화를 냄으로써 오는 후련함을 느끼고 싶은 것이다. 자신의 무의식에서는 죄책감이나 미안함보다 후련함이 더 좋은 기분이라고 받아들이기 때문이다. 폭식을 하는 사람은 먹는 것에서 오는 만족감을 느끼고 싶은 것이다. 먹고 나서 후회하고 자책하지만 그보다 당장 입에 욱여넣는 그 좋은 기분인 만족감을 원하기 때문이다. 그리고 우리가 흔히 원하는 건강, 부, 명예, 다양한 성공을 원하는 사람들도 그것을 통해 좋은 느낌을 느끼고 싶어 하는 것이다.

목적과 목표

목적과 목표는 언뜻 보면 비슷한 말 같지만, 꽤 다르다. **목적은 느낌에 관한 것이며 왜에 대한 답이다. 목표는 행동에 관한 것이며 어떻게에 대한 답이다.** 그리고 목적 아래에는 나의 믿음에서 생겨난 근본적인 이유가 있다. 우리가 밥을 먹어야겠다는 생각을 하면 특별히 고민하지 않아도 자동적으로 목적과 목표가 세워진다.

〈목적 – '왜' 그 '느낌'을 바라는가〉
목적: 포만감(좋은 기분)을 느끼기 위해
근본이유(믿음): 배가 고플 때는 무언가 먹으면 된다고 믿기 때문에

〈목표 – '어떻게' '행동'할 것인가〉
최종목표: 밥 먹기
세부목표: 자리에서 일어나서 – 부엌에 간다. – 냉장고 문을 열고 – 재료를 꺼내서 – 요리한다. – 식탁을 차리고 – 자리에 앉아서 – 수저를 들고 – 밥을 먹는다.

이미 많은 경험으로 습관이 됐기 때문에 이런 과정은 생각하지 않고 자동적으로 일어난다. 그래서 우리가 습관을 바꾸기 위해서는 나의 믿음을 포함하고 있는 목적을 염두에 두고, 목표를 가져야 한다. 목적이나 목표를 뚜렷이 모르는 상태에서 바로 실행을 하면, 무의식에 있는 나도 모를 무언가가 튀어나와 목적을 달성하기 어려울 수 있다. 예전 나의 실수를 돌아보면 이렇다.

목적: 내 불편한 감정을 전달하여 후련함(좋은 기분)을 느끼기 위해
(→근본이유를 점검하지 못하고 무의식적으로 말했기 때문에 잠시 관계가 불편해져서 좋은 기분을 느끼지 못했다)

근본이유: 불편한 감정을 계속 가지고 있으면, 이후에 그 친구를 대할 때마다 반복적으로 그 감정이 떠오를 것 같다고 믿기 때문에
(→미처 점검하지 못함: 나중에 점검한 나의 믿음: 친구 사이에 비난하는 말도 괜찮은 것이라고 믿었고, 친구도 자신이 늦게 전화했다고 생각할 거라고(나와 생각이 같을 것이라고) 믿었기 때문에)

최종목표: 상대방에게 나의 서운한 마음을 전달하고, 앞으로는 기약 없이 기다리는 시간을 줄이기
(→서운한 마음을 명확히 전달하지 못하고 상대방을 비난했고, 앞으로 이런 상황에 어떻게 할지 내 의견을 내지 못했다)

세부목표: 전화를 받아서 – "생각보다 오래 기다려서 서운했어. 다음번에는 통화할 시간 약속을 정하자."라고 말하기
(→"전화 엄청 빨리했네?"라고 말했다)

잘못 설정된 믿음은 기분이 좋지 않아지는 결과를 가져온다. 나는 자주 들어왔고 장난스럽게 써오던 비난의 말이 관계를 얼마나 망치는지 생각해 본 적이 없었다. 명확한 목적지로 가기 위해서 우리는 자신 안의 믿음들을 알아차려야 한다. 근본이유(믿음)와 목적(좋은 기분)에 따른 목표를 몇 가지 더 보면 다음과 같다.

목적: 건강함(좋은 기분)을 느끼기 위해
근본이유: 운동을 잠깐이라도 꾸준히 하면 건강해진다고 믿기 때문에
목표: 매일 운동 5분 하기

목적: 외국인들과 편하게 소통하면서 소속감(좋은 기분)을 느끼기 위해, 나와의 약속을 잘 지키고 있다는 뿌듯함(좋은 기분)을 느끼기 위해
근본이유: 영어가 더 유창하면 외국인과의 소통이 편할 것이라고 믿고, 하루 한 장 공부는 충분히 해낼 수 있을 것이라고 믿기 때문에
목표: 영어책 하루에 한 장씩 공부하기

목적: 다른 사람의 감정에 휘둘리지 않았다는 자부심(좋은 기분)을 느끼고, 상대방에 대한 미안함과 죄책감을 느끼지 않기(좋은 기분) 위해
근본이유: 화를 알아차리고 느낀다는 것은 내 감정을 억누르지 않고 보듬어 주는 것이라고 믿기 때문에, 또 화를 내고 나면 내가 상대방에게 미안할 것이라고 믿기 때문에
목표: 누가 나에게 화를 낼 때 내 안에서 화가 올라오는 것을 알아차리

고 느껴보기

목적: 안정감(좋은 기분)을 느끼고 인정받기(좋은 기분) 위해
근본이유: 수입이 늘어나야 생활이 더 안정되고, 가족들에게도 더 인정받을 것이라고 믿기 때문에
목표: 매달 50만 원 추가소득 벌기

우리가 어떤 목표를 갖는다는 것은 지금보다 더 낫다고 생각하는 상태를 원하는 것이다. 이것은 누구나 가지는 성장의 욕구이며, 사람은 평생 성장한다. 그리고 그 **목적은 결국 좋은 기분을 느끼고 싶어서이다. 자신의 목표를 달성하지 못했어도, 원하던 대로 할 수 없었더라도 그 목표를 가진 목적이 좋은 기분을 느끼고자 함이었다는 것을 기억해야 한다.** 그렇다면 자신의 행동에 대한 후회와 자기비난에서 벗어나는 데 도움이 된다.

또 나의 믿음과 목적지를 알고 순간적으로 올라오는 화를 알아차리면, 잠깐 멈춘 순간 좋은 기분을 위한 선택을 할 가능성이 커진다. '화를 내고 나면 죄책감과 미안함이 밀려온다.'는 나의 믿음을 알기 때문에 알아차린 순간에 심호흡을 하며 '그럴 수도 있다.'고 되뇔 수 있게 된다. 순간을 알아차리는 것이 처음에는 쉽지 않지만 많은 사람들이 명상을 통해 가능해진다고 한다. 알아차리는 것에 익숙해지면, 내가 화를 내는 순간보다 앞서 화가 올라오고 있는 순간을 알아차리게 되기 때문이다. 나도 여전히 더 많은 연습이 필

요하지만, 전보다 자주 알아차리는 나를 발견하고 스스로 대견해하기도 한다. 그런 연습을 통해 타인의 부정적인 말과 행동에 휘둘리지 않고, 나를 끌어내리는 무거운 죄책감에서 자유로운 삶을 살게 될 것이다.

방황할 용기

앞에서 나는 '괜찮아.'의 달인이라고 했고 위에서는 '그럴 수도 있다.'고 되뇔 수 있다고 했다. '괜찮아. 그럴 수도 있어.'는 한 세트 같은 말이다. 하지만 나는 여기서 그 의미를 조금 나눠보고 싶다. 괜찮아는 감정의 동요를 잠시 누르기 위해, 순간 나 자신을 달래기 위해, 내 안에서 일어나는 현상에게 하는 말이다. 그 현상이란 느낌과 감정에 따른 몸의 변화, 즉 얼굴이 벌게지고, 손이 떨리고, 심장이 빨리 뛰고, 입이 마르고, 목이 메는 것들을 말한다. 그렇게 달래준 감정은 약간 열기가 식고 나면 내 몸속 어딘가에 저장된다. 하지만 다시 그 감정을 만나서 풀어주지 않으면 그 상태로 점점 쌓여간다.

나는 여전히 감정을 잘 다스리지는 못해서 감정이 폭발할 듯한 순간은 괜찮다고 넘기고, 저녁에 일기를 쓰거나 거울을 보며 나와 대화하곤 한다. 요즘에는 마음이 불편했던 순간을 그나마 알아차리는 편이라, 밤이 되기 전 틈틈이 내게 묻기도 한다. '아까 내가 어떤 게 불편했던 거지? 왜 짜증이 난 거야?' 혹은 '아까 그 마음 정말 괜찮아?' 생각해 보면 괜찮지가 않다. 그런데 그 불편함을 인지하고 마음을 마주하고 나와 대화하다 보면, 나의 믿음을 알아차릴 수 있고 그 믿음이 꼭 맞지는 않다는 결론에 이른다. 그러면 그때는 '그럴 수도 있다.'는 판단이 가능해진다. 정말 괜찮아지는 순간이 오는 것이다.

특히 내 것이 아닌, 밖에서 일어나는 일에 대해서는 언제든 '그럴 수도 있다.'로 넘어가는 것이 나 자신에게 이롭다. 누군가 화를 내거나, 실수를 하거나, 어떤 예상치 못한 상황이 생긴다는 것은 하늘에서 비가 오는 것과 같다. 내가 조절할 수 없는 내 바깥의 것들이다. 내가 어떤 명백한 잘못을 했을 때도, 누구는 화를 내고, 누구는 무시할 것이며, 누구는 괜찮다고 다독여 줄 것이다. 우리는 그 무엇도 알 수 없다. 당연히 내 주변의 모든 것들이 내게 영향을 끼치지만 그 영향에 내가 의도적, 선택적으로 반응하며 내 길을 갈 수 있다면, 그게 자유가 아닐까 생각한다.

그런데 자유라는 목적지를 생각하며 가더라도 목표가 매번 달성되지는 않을 수 있다. 우리가 원하는 특정 목표에 도달하기 위해서는 그에 관련한 어떤 능력이 필요하다. 밥을 먹겠다는 쉬워 보이는 목표조차 냉장고에 재료가 없거나, 요리를 할 줄 모르거나, 메뉴를 주문할 돈이 없는 식으로 조건이나 능력이 갖춰지지 않으면 먹을 수 없기 때문이다. 그때는 '내가 아직 그 목표에 도달할 조건과 능력이 없는 것인지, 너무 힘들게 달려온 내게 쉴 기회를 준 것인지,

다른 길로 들어서 가보라는 것인지, 내가 원하는 목표를 사실은 두려워하고 있는 것은 아닌지' 등을 검토해 보면 좋을 것 같다. 내비게이션은 우리가 길을 잘못 들어서면, "삐비빅. 경로를 재탐색합니다." 하고 바로 다시 길을 찾아준다. 우리는 경로를 이탈해도 나의 현 위치부터 언제든 다시 출발하면 된다.

삶이 우리에게 무엇을 보여주고 싶은지 이해하려 한다고 언제나 알 수 있는 것은 아닌 것 같다. 그래서 내맡기기, 내려놓기를 이야기하는 것 같다. 어쩌면 기꺼이 길을 잃고 방황할 용기를 갖는 것이 인생에 가장 필요한 자세일 것이다. 우리는 보통 작은 것들에 몰두하며 살아가고 있다. 내 앞의 끝없는 문제들에 초점을 맞추고 해결하고 싶어 한다. 하지만 **나무가 아닌 숲을 보라는 말, 큰 그림을 보라는 말은 인생을 멀리서 바라보면 '우리는 늘 잘 가고 있다.'고 알려주고 응원하기 위한 말**이 아닐까?

경로

할 수 있는 것을 해나가며
―

평상시에 계단에서 아이와 항상 손을 잡고 다녔는데, 하루는 아이가 나보다 앞서 계단을 내려갔다. 그 뒤에 선 나는 가득 찬 빨래

바구니를 들고 있었고, 아이는 자신 있게 "나 혼자 내려갈게!"라고 했다. 보통 때는 "잠깐, 엄마가 먼저 갈 테니 너는 뒤에 따라와." 하는데, 그냥 "그래."라고 답했다. 나는 아이보다 5칸쯤 뒤에서 내려가고 있었다. 아직 계단이 많이 남아 있는데, 아이의 몸이 앞뒤로 휘청거린다. 아이는 난간을 잡고 있었지만, 아직 머리가 무거운 아이의 몸을 지탱할 만큼 손힘이 세지 않았다. 그 짧은 순간을 나는 또렷하게 보고 있었다. 양옆이 막힌 계단이고, 내 몸보다 큰 빨래바구니를 들고 있었고, 위에 다시 놓고 와서 도와주러 갈 시간도 없었다. 아이가 앞으로 굴러떨어지는 모습을 보고 있을 수밖에 없었다. 계단 대여섯 칸을 얼굴로 떨어지고 있는 아이를 보며 크게 다칠까 봐 너무 무서웠는데, 그 순간 내가 아이에게 해줄 수 있는 게 아무것도 없다는 것을 알았다.

아이는 유별나게 왕 짱구인데, 이날을 위해 짱구로 태어난 건가 싶게 정말 다행히, 이마에 혹만 조금 났다. 집 안에 있는 동그랗게 마무리된 나무계단이라 그런지 아무런 상처도 없었다. 아이도 나도 너무 놀라서 벌벌 떨고 있었지만, 떨어진 아이를 얼른 가서 끌어안았다. 서로 꼭 끌어안고 잠시 있자 고맙게도 아이가 금방 진정됐다. 부어오른 이마에 알로에를 발라주고 오후에 맛있는 것 먹자고 했더니 아이의 기분이 좋아졌다.

나는 아이에게 정말 고마웠고, 아이를 보호해 준 이 세상에도 고마웠다. 아이를 어린이집에 내려주고 일하러 가는 차 안에서 놀란 마음을 진정시키며 꺼이꺼이 울었다. 내가 아이를 도와줄 수 없는 순간이 있다는 걸 체감한 것이다. 내가 아이 대신 아파해 줄 수 없다는 것, 아이는 점점 더 독립할 것이고, 스스로 선택하고 혼자 감당해야 할 일도 많아진다는 것도, 머리로는 모두 알고 있었지만 그 순간 다시 확실히 알게 됐다. 내가 아이에게 해줄 수 있는 최선은 많이 웃고, 건강한 소통을 하며, 긍정적으로 삶을 대하는 방식을 보여주는 것뿐이다.

앞서 얘기한 「겨울왕국」 1편은 사랑과 두려움에 대한 이야기였다면 2편은 안나와 엘사가 각자 자신의 삶으로 나아가는 이야기이다.[14] 2편 초반에는 자신들의 삶이 완벽해 보여서 변화를 원하지 않았지만 엘사는 계속 마음의 소리를 듣게 된다. 우리도 마음속에서 들리는 무언가가 있고, 그건 느낌을 통해 알 수 있다. 어떤 행동을 하거나 생각이 떠오를 때마다 사랑과 두려움을 느끼기 때문이다. 엘사는 마음의 소리를 듣고 뭔지 모를 불안에 두려움을 느낀다. 그리고 안나는 엘사가 자신을 버리고 혼자 위험을 감당할까 봐, 그래서 언니를 잃을까 늘 두려워한다.

결국 엘사는 자신의 마음의 소리를 따라가게 되고, 그 여정에서 엘사와 안나는 다시 큰 어려움에 부딪힌다. 엘사를 잃고 엘사의 마법으로 만들어진 눈사람 올라프까지 녹아 없어지고 있을 때, 올라프는 영원한 것이 하나 있다고 말했다. 사랑. 올라프가 남긴 마지막 말은 너무 흔한 말이라 우리는 이 말의 깊이를 알아차리지 못하곤 한다. 하지만 영원한 것이자 우리 삶의 본질은 바로 사랑이다.

그렇게 혼자 남겨진 안나는 밤새 슬픔을 느낀다. 정말 바닥까지 갔을 때 오히려 다시 일어설 힘이 생기는 건, 우리가 그 마음을 더 이상 억누르지 않고 안아줬기 때문일 것이다. 안나가 슬픔에 잠겨 부르는 'The next right thing(해야 할 일)'이라는 노래에서는 절망, 두려움을 모두 다 느끼고, 다시 일어서는 안나의 모습을 보여준다. 이 노래를 부르기 전, 아빠의 호위병이었던 마티어스 장군과의 대화에서 자신이 알고 있는 인생을 살아가는 방법에 대해 이야기했었다. 그건 절대 포기하지 않고, 한 발짝씩 나아가며 다음 할 일을 하는 것이다. 안나는 두려움을 받아들이고 자신 안의 목소리인 직감으로 할 일을 알아차리고 앞으로 나아간다. 언제든 우리는 직감을 존중하고, 할 수 있는 것을 해나가면 된다.

앞에서 이야기한 대로 나는 물 흐르듯 사는 게 좋은 것이라고 생각했다. 그런데 물의 흐름에 대해 특별히 생각해 본 적은 없었다. 물이 유유히 잘 흘러가기 위해서는 가로막고 있는 것이 없어야 한다. 그런데 물길에 커다란 돌이 하나 놓여 있다. 그러면 흐르는 물의 양에 따라 물은 옆으로 돌아가거나, 위로 넘어가거나, 아니면 돌 앞에 고이게 된다. 이처럼 우리 삶도 잘 흘러가기 위해서는 삶의 흐름을 가로막는 것이 없어야 하는데, 가끔은 아주 커다란 돌이 막아서고 있다. 그래서 삶이 원하는 대로 흘러가지 않고, 마음은 답답하다. 그 커다란 돌은 내 삶의 흐름을 막는 커다란 믿음이다. **내 삶의 흐름에 도움이 되지 않는 믿음을 알아차리고 쏙 빼버리면 다시 삶**

은 경쾌하게 흐른다. 하지만 그리 쉽게 빠지는 돌은 아니다. 작은 믿음들이라면 '그럴 수도 있지.', '이쪽 길로 가보자.' 하면서 어느 정도 받아들이거나 방향을 틀 수 있지만, 가로막은 믿음이 너무 크다면 우리는 그 돌 앞에서 이러지도 저러지도 못하고 막혀버린다. 그때는 원치 않은 휴식시간이 주어지곤 하는데, 우리는 보통 그 시간을 부정하고 어떻게든 벗어나려 발버둥 치느라 에너지를 다 써버린다. 게다가 기분도 상황도 더 안 좋아지고, 삶을 포기하고 싶어지기도 한다. 물이 한자리에 오래 고여 있으면 썩듯, 점점 우리 마음도 그렇게 된다.

그런데 그때 다 내려놓고 주저앉아 멍하니 쳐다본 곳에서 의외의 길을 발견할 수도 있다. 또는 아주 큰 비가 내려 그 비에 휩쓸려 내 앞의 돌을 순식간에 넘어갈 수도 있다. 그건 아마 나를 가로막고 있던 믿음이나 눈앞의 시련보다 생각지 못한 더 큰 일이 나를 덮쳐버렸을 때일 것이다. 그리고 다시 고요한 순간 뒤돌아보면 '아, 내게 저렇게 커다란 바위 같은 믿음이 있었구나.' 할 것이다. 그때는 그 시련을 넘어선 나를 대견하다고 스스로에게 고마워하거나, 혹은 생각보다 별것 아님에 머쓱할 수도 있다. 물이 너무 오래 고여 썩어버리지 않게, 안나처럼 자신의 감정을 다 안아주고, 그저 할 수 있는 것을 해나가는 것이 내가 나 자신을 가장 아끼고 존중하는 것이 아닐까 생각한다.

반짝반짝 빛나며

명랑하게 웃으며 살자! 최근 2년간의 내 신조이다. 이혼을 결심했다고, 아이와 떨어져 지내는 기간이 있다고 비참한 모습으로 살고 싶지는 않았다. 이런 결심을 하고 살아서 그런지 매일 웃을 일이 있고 행복하다. 나는 나의 마음과 믿음을 만나고 웃음과 눈물로 나를 이해하며 성장하고 있다. 마음이 가벼워졌고, 자신감도 생겼으며, 결혼 전의 나보다 더 유연하고 큰 사람이 된 느낌이다.

꽤 오래전에, 어떤 글을 읽으며 빛나고 행복한 삶을 살겠다고 다짐한 적이 있었다. 내 메신저의 프로필 사진으로 간직하고 종종 보면서 힘을 내곤 했다. 언제 어디서든 내 존재만으로 반짝이고 싶어지게 만드는, 내 삶을 즐겁게 살아갈 힘을 주는 예쁜 글이다.[15] 나는 지금도 빛나고 있다. 당신은 모를 수도 있지만, 당신도 늘 빛나고 있다. 그리고 **앞으로 나와 당신이 어떻게 더 밝은 빛을 낼지 궁금하다.**

아이를 칭찬할 때 결과물이 아니라 노력과 과정을 칭찬해야 한다고 한다. 아이가 시험에 100점 맞아 와서 자랑하면, "100점? 아이고 잘했네."가 아니라 "노력 많이 했구나. 멋지다."라는 식의 칭찬이다. 그것처럼 나 자신에게도 나의 노력을 칭찬해 주면 좋을 것 같다. "이제껏 살아오느라 멋졌어. 하루도 안 거르고 살아온 나, 대단해. 많은 일이 있던 오늘 하루도 기꺼이 잘 보내서 고마워."

그런데 우리가 진심으로 행동한다면 사실 노력이란 것은 필요가 없다. 몰입하는 순간, 어떤 것에 빠져드는 순간, 진심으로 좋아서 하는 행동들은 애써서 힘쓴다는 의미의 노력이라는 단어와 어울리지 않는다. 애쓸 필요가 없기 때문이다. 그래서 가끔 어떤 사람들이 '노오력'하지 않아도 된다고 하는 것이다. 치열하게 살고, 원하는 것을 이뤄낸 많은 존경받는 사람들이 주로 하는 말은 운이 좋았다는 말이다. 그들은 힘들게 노력하지 않고, 그저 하루하루를 충실히 진심으로 살았을 것이다.

　예전에는 '도서관에 하루 종일 앉아 있다 오긴 했는데, 오늘 뭐 이렇게 한 게 없지?', '이번 주 내내 엄청 바빴는데 남는 게 하나도 없네?', '하는 일도 없이 너무 바빠. 피곤한데 잠도 안 와.' 이런 생각을 많이 했었다. 요즘에는 저녁마다 아주 짧게 일기를 쓰는데 하루를 돌아볼 때마다, '와! 오늘도 꽉 찬 하루 보냈네! 신나게 일하고, 즐겁게 놀았다. 장하다. 나 자신.' 하는 생각이 든다. 그리고 잠도 곤히 잔다. 이렇게 한 해를 다 보내고 나면, 내 인생에 더 감사하게 되고 나 자신과 사람들에게 더 큰 사랑을 주고받을 수 있다는 생각이 든다. 하루를 충실히 나의 진심으로 살면 나에게 칭찬해 주는 일이 쉽고 나 스스로가 사랑스럽다. 이건 몰입이나 현존이라는 단어로도 표현할 수 있을 것이며, 그런 삶은 행복을 느끼기도 쉽다. **잠시 놓치더라도 하루 대부분의 시간을 충만하게 살아가는 것이 빛나는 삶이고, 우리가 웃는 순간순간이 반짝이는 것이다.** 그래서 인생에 연습은 없는 것 같다. 일상이 실전이므로 긴장할 필요가 없고, 성공으로 가기 위해 실패(실패라는 단어를 내 머릿속에서 다시 정의하면 좋을 것 같다. 한 발짝 나아감. 진보. 다양한 실패들은 내 삶에서 어디로든 한 발짝 더 나아간 것이다)라는 과정은 당연히 있는 것이니 두려워할 필요가 없다. 게임에 장애물이 없으면 정말 재미가 없을 뿐 아니라 게임이라는 것은 존재하지 않을 것이다. 우리의 매 순간은 게임을 신나게 즐기며, 자신의 목적지를 향해 가는 중이다.

양심을 따르며

어떤 선택이든 장단점이 존재한다. 그럼에도 나는 바른 선택을 하며 살고 싶은데, 내가 생각하는 바르다는 뜻은 가능한 사랑의 방향을 선택하는 것이며, 양심이라는 단어로 말할 수 있다. 우리는 선택을 할 때 '내가 이렇게 해도 다른 사람들이 모르니까', 혹은 '남들도 다 이렇게 하니까'라는 이유로 양심에 찔리는 행동을 하는 경우가 있다. 운전을 할 때 100km/h 속도제한이 있는 곳에서 '남들도 다 하고, 105km/h는 카메라에 안 찍히니까 괜찮아.'라는 생각을 한다. 나도 보통 105km/h로 가기는 하지만 이런 상황들을 자주 겪다 보면 무감각해진다. 점차 자신의 양심에 무감각해지기 때문에, 바늘 도둑이 소도둑 된다는 말이 나왔을 것이다. 하지만 양심을 되살리면 우리 마음이 더 편안해진다. 누가 알아주지 않아도 양심을 지켜서 뿌듯하고, 나 자신에게 당당하다. 양심에 거스르는 행동을 하면 아무 일이 일어나지 않아도 내 마음은 지옥에 들락날락한다.

양심, 사랑을 선택한다는 것은 내 안의 사랑과 두려움, 선과 악이 모두 있음을 인정하는 것이다. 나는 사람들을 배려하며 양보를 잘하고 종종 소액기부도 한다. 내가 다른 사람을 위해 사랑의 마음을 쓰면, 당장 내 마음이 편안하고 따듯해질 것을 알며 그 사랑이 언제든 다시 내게로 돌아올 것을 믿기 때문이다. 어쩌면 이기심일지 모를 그 마음으로 우리는, 다른 사람을 도울 능력이 있다는 우월감과 좋은 행동을 했다는 뿌듯함을 느낄 수 있다. 뱃속의 아기들은 성장하며 엄마 몸에서 각종 영양분을 빼간다. 정말 자신만 아는 존재이지만 뱃속에 있다는 '존재'만으로도 많은 사람들을 행복하게 만들어 준다. 완벽히 이기적인 사랑의 존재이다.

사람이라면 두려움은 느낄 수밖에 없다. 죽음에 대한 두려움이 있기 때문에 지나가는 차에 뛰어들지 않고, 동물원의 호랑이 우리에 들어가지 않는다. 하지만 그 외에 생각의 습관으로 생기는 두려움이 줄어들면 우리 삶은 편안해질 것이다. **우리 믿음은 주로 옳다, 그르다, 좋다, 나쁘다, 잘한다, 못한다고 판단하는 마음과 같이 있으며, 그 믿음을 기준으로 두려움을 만들어 낸다.** 기분이 좋을 때도 좋은 마음 한쪽에서는 '혹시 다른 사람은 나를 나쁘게 평가하면 어쩌지?' 하는 의심과 두려움이 올라오기도 한다. 다른 사람들의 시선과 끝없이 이어지는 분별심 위에서 평온하지 않은 삶을 살아간다. 그래서 믿음을 돌아보는 게 필요하지만, 우리 안의 모든 믿음을 발견할 수도 없고 그 믿음을 다 발견해야 할 이유도 없다. 자신이 원하는 대로 삶이 잘 돌아가고 사람들과의 관계도 좋고 늘 기분이 좋다면, 믿음을 돌아볼 필요도 없을 것 같다. 그 사람은 환경이 어찌 됐든, 자기 자신과의 관계가 좋아서 이미 온전한 사랑을 알고 그 사랑을 베풀며 사는 사람일 것이다. 하지만 나처럼 습관적으로 생각에 대한 두려움이 큰 사람들은 믿음을 점검하고 양심을 따르는 습관을 들여야 그 두려움을 줄일 수 있을 것이다.

속도

천천히

'천천히'라는 단어는 한국인들에게 거리가 조금 멀다. 사람들을 부지런하게 만드는 빨리빨리 문화는 전쟁으로 인해 가난에 허덕이던 우리나라를 세계에서 손꼽히는 나라로 발전시켰다. 우리 부모님은 일 처리나 머릿속 계산도 빠르고 누구보다 부지런하셨다. 나도 빠릿빠릿한 편이었다고 생각하지만, 부모님의 속도를 맞춰가기에는 조금 버거웠다. 하지만 언젠가 피천득 님의 글에서 나만의 속도를 찾을 수 있었다. 아빠가 사랑하는 딸에게 쓴 편지에는 말하기도 걷기도 밥 먹기도 천천히 하라고 쓰여 있었다. 그래서 나중에 아이를 낳으면 항상 이렇게 말해줘야지 생각하곤 했다.[16] 물론 나도 늘 '천천히'가 되는 사람은 아니다. 밥도 빨리 먹고, 샤워도 빨리한다. 나도 모르게 아이한테 빨리하라고 다그치다가 '앗!' 하고 알아차리고 갑자기 말을 줄이고 인자한 미소를 짓기도 한다. 우연히 선물 받은 책에서 내 인생의 글귀를 발견하고 '이래서 독서를 하라는 거구나. 그리고 내게 올 인연은 어떻게든 오나 보다(사람, 장소, 글, 이야기, 상황, 이 세상의 모든 것들이 말이다).'라는 생각을 했다.

요즘 나는 내 삶이 천천히 가기 위해 두 가지를 한다. 잘 자기와 잠깐 멈추기이다. 부지런한 삶에 익숙한 한국인들은 잠을 충분히 자는 것에 죄책감을 느끼기도 한다. 요즘은 전 세계 사람들이 잠을 줄이고 바쁘게 살며, 각종 미디어에 빠지는 시간 때문에 잠자는 시간이 줄어들기도 한다. 잠을 자면 활발하게 움직이는 시간과는 달리, 우리 몸속의 다른 기능이 작용하며 신체적 기능뿐 아니라 정신적 기능도 회복된다. 잠을 충분히 잘 못 자면 기분이 별로인 때가 있다. 자는 시간이 부족하거나 깊은 수면에 들지 못해서 마음을 회복하는 몸의 기능이 충분히 작동하지 않아서라고 한다. 최근의 뇌과학 연구에서는 하루 7~8시간 정도의 충분한 잠이 필수라고 한다. 나는 그 말을 내 믿음으로 만들어, 더 이상 잠을 줄이려는 노력을 버리고 8시간 숙면하는 쪽을 택하고 있다. 그래서인지 한국에서 늘 달고 살던 구내염이 아예 없어졌고 아픈 일도 거의 없다.

잠깐 멈추는 것은 앞에서 이미 이야기했듯, 누구나 할 수 있지만 생각보다 쉽지 않다. 가끔 무언가에 집중해서 아주 얕은 숨을 쉬고 화장실도 안 가고 참고 있을 때가 있다. 그리고 '후, 나 진짜 열심히 일했어. 지친다.' 하면서 우리 몸의 스트레스를 극으로 몰고 간다. 많은 워커홀릭(일 '중독'자)들이 자신이 그렇다는 것을 모르고 있다. 중독은 몰입과 다른 결과를 가져온다. 그래서 의도를 갖고 충분한 휴식을 취해야 하고 그 시작으로는 잠깐 멈추기가 도움이 된다. 나는 얕은 숨을 쉬는 편이고 가끔 나도 모르게 숨을 멈추고 있다가 몰아쉴 때도 많다. 나도 왜인지는 모르지만 아마 긴장을 많이 하는 편인 것 같다. 잠깐 멈춰서 내가 숨은 잘 쉬고 있는지 허리와 목은 너무 구부리고 있지 않은지, 몸과 마음을 적정하게 쓰고 있는지 보면 좋을 것 같다. 또 우리 몸은 자율신경계가 알아서 숨 쉬고 소화시키고 몸속을 청소해 주고 상처가 나면 치료해 준다. 내 몸은 스스로 기능하지만 단 한 가지는 내 의지로 조절할 수 있다고 하는데, 그것이 호흡이라고 한다. 잠깐의 호흡만으로도 부정적 감정을 조절할 수 있고, 찰나의 순간 내 의지에 따라 선택할 수 있으며, 스트레스도 줄어든다. **잠깐 멈추는 것은 늘 가득 채워져 있는 우리 일상의 여백의 미이다.** 하던 것과 잠시 다른 생각을 해보거나 길을 가다가 잠깐 멈춰서 주변의 자연에 눈길을 주는 것이다. '가만히, 물끄러미, 천천히'라는 단어가 어울린다. 그러면 신기하고, 재미있고, 감사하고, 이 순간이 좋다는 것을 알아차리기가 쉽다.

찰나를 영원처럼

순간을 알아차리는 게 익숙해지면 기분이 좋아지는 선택을 하기 쉬워진다. 우리는 어떤 상황이 내게 오는 순간, 좋다 혹은 나쁘다는 느낌이 든다. 그리고 그 느낌은 나의 생각(판단이 섞여 있는 어떤 믿음)을 근거로 감정을 만들며, 그 감정에 대응하는 행동을 하게 된다. 내가 생각하는 우리의 반응은 '느낌-생각-감정-행동'이다. 과학적으로 이런 순서가 밝혀졌는지는 잘 모른다. 하지만 어떤 상황에서 받게 되는 느낌은 우리가 조종할 수 없다. 그래서 우리가 생각의 단계에서 의식적으로 알아차리고 생각의 방향을 바꿔보면 좋겠다. 생각의 단계에서 그다음에 나올 내 감정과 행동을 선택할 수 있는 것이다. 그런데 앞에서도 언급했듯, 생각은 내가 하는 것이 아니라 떠오르는 것이다. 그래서 우리가 생각하고 원하는 대로 '화 안 내야지.' 한다고 화가 안 나는 게 아니고, '나는 긍정적 생각만 할 거야.' 해도 두려운 미래가 자꾸 떠오른다. 또 '내일부터는 매일 30분씩 운동할 거야!'라고 다짐하고, '나는 성공했다.'고 확언을 외쳐도 마인드 셋이 쉽게 되지 않는 이유이다. 그래서 우리가 단 한 가지 조절할 수 있는 호흡을 이용하여 순간순간을 알아차리는 연습을 하라는 것이다. 그리고 그 호흡 후에 우리는 자신만의 의도(목적지)를 기억해 내고, 그에 따라 반응, 즉 잇따라 올 감정과 행동을 선택하는 것이다.

만약 누군가 나에게 이유 없이 화를 낸 A라는 상황이 있다. 그때의 느낌(A1)은 '안 좋아, 불편해.'이다. 그 즉시 '뭐 저런 사람이 다 있어? 갑자기 나한테 왜 저래?'라는 생각(A2)과 판단이 올라온다. 그때의 생각에는 '나한테 함부로 대하는 사람은 나쁘다. 다른 사람에게 화를 내는 것은 나쁘다.'는 식의 판단이 섞인 믿음이 있다. 그리고 '짜증 나. 억울해. 저 사람 정말 싫어!'라는 감정(A3)이 올라온다. 그러고는 한숨을 푹 쉬는 행동(A4)을 하거나 못 본척하며 내 감정을 억누르거나(A4) "왜 그래요?"라고 짜증 내며 말하는 행동(A4)을 할 수 있다.

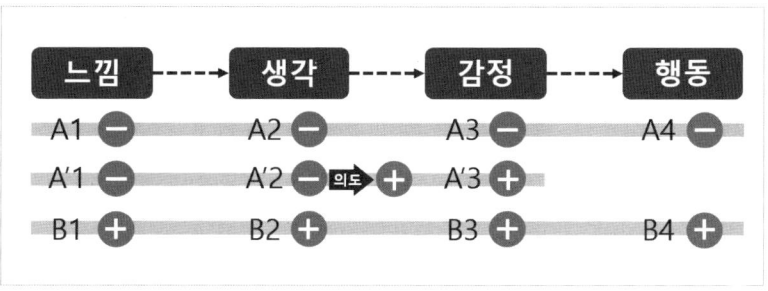

 상황을 인지한 순간, 그 상황에 대한 느낌, 생각, 감정(단 몇 초도 안되는 시간 동안 일어나는 자동적 과정)을 순식간에 알아차린다면 내 의도를 갖고 의식적으로 행동하겠지만, 그 과정이 하루아침에 달라지지는 않는다. 하지만 그때를 알아차리려고 지속적으로 노력한다면 짜증을 내고, 잔인한 말을 하고, 화를 내고, 폭력을 휘두르는 등의

후회하는 일을 할 가능성이 줄어들 거다. 보통 나는 그런 순간에 당황하거나 두려워서 아무런 반응도 하지 못하고 상황이 지나가 버리거나, 습관적으로 감정을 억누르곤 했다. 가끔은 표현해 보고 싶다는 생각에 차분하게 드러내기 시작했다가도, 더 얘기하다가 감정에 휘말려 내 상태를 알아차리는 것을 놓치고 과한 표현을 할까 봐 다시 억누르기도 한다. 나는 부정적인 감정을 표현하는 것에 익숙하지 않은 것이다(긍정적인 감정을 표현하는 것도 굉장히 단답형이기는 하다).

그러면 그날 밤 일기를 쓰며 다시 생각해 본다. 불편한 느낌(A'1)은 불편한 행동(A4)에서 이어져 계속 갖고 있었다. 그렇지만 이번에는 다른 생각(A'2)을 해보는 것이다. 이때는 생각, 감정, 느낌을 왔다 갔다 하며, 나의 믿음과 감정을 알아차리고 보듬어 준다. 그리고 이때 내가 **나의 목적지로 나아갈 의도**를 갖고 있어야 한다.

'갑자기 나한테 화를 낸 건 정말 황당해. 자기가 화난다고 왜 남한테까지 화를 내? 내가 화가 날만하지. 지금도 정말 화나.' 하며 내 억울하고 화나는 마음을 안아준다. 그 마음이 조금 누그러들면 '그런데 난 그 사람 행동에 왜 그렇게 짜증이 났지?'도 생각해 본다. 그러면 내 안에 '화를 내는 건 무례한 것', '화를 내는 것은 나를 공격하는 것' 이런 종류의 믿음을 갖고 있는 것을 발견하게 된다. 그런데 '화를 내는 게 무조건 나쁜 건가? 그런 건 아니지. 화를 갑자기 감당하지 못하는 때도 있어. 나도 그럴 때가 있지. 화를 낸다고 나를 공격하는 건 아닌 것 같아.' 하는 식으로 나의 믿음이 100% 맞는 것인지 검토해 볼 수 있고, 잘못된 믿음을 수정할 수도 있고, 내 행동을 돌이켜 볼 수도 있다. '화내고 그 사람도 표정이 안 좋던데, 자기감정을 감당 못 할 만큼, 무슨 큰일이 있나? 그 사람도 힘든 하루였겠네.' 하며 그 사람의 입장에서도 한 번쯤 생각해 본다. 그리고 '내가 계속 그것 때문에 기분 나빠야 할 필요가 없잖아.'라고 생각하면, '별일 아니었지. 상대가 당황할 수 있으니 나는 그렇게 화내지 않아야겠다.'라는 생각까지 가게 된다. 사람마다 믿음은 모두 다르므로, 상황을 자신의 마음이 편안해지는, 기분이 좋아지는 방향으로 의도적으로 선택하고 해석하는 것이다. 그리고 편안한 마음으로 푹 자고 나면 마음이 한결 가벼워진다.

그리고 다음에 비슷한 B라는 상황이 왔을 때는 느낌(B1)이 나쁘지 않다. 누군가 또 갑자기 소리를 지르는 상황이 좋을 것도 아니지만, 아주 나쁘게 받아들이지 않게 된다. '중요하다고 생각하는 게 자기 마음대로 안 됐나 보다.', 아니면 '화장실이 엄청 급한가?'라고 생각(B2)하면 거기에 따라오는 감정(B3)도 무겁지 않다. 그러면 그 상황을 대수롭지 않게 지나치는 행동(B4)을 할 수 있고, 더 나아가 그런 사람에게 "무슨 일 있으세요? 뭐 도와드릴까요?"라는 질문을 할(B4) 수도 있다. 그런 반응을 보이면 보통 상대방은 당황하고 미안해한다.

나는 행동(A4)의 단계에서 습관적으로 나를 표현하지 않는 행동을 선택해 왔다. 그리고 A'2에서 믿음을 발견하고 수정하는 과정을 거치지 못하고, A'1-A(2-3-4)-A'1처럼 기억을 재생하고 계속 기분 나빠하기만 했다. **시간이 지난다고 그 기억이 그냥 괜찮아지지 않는다. 마음 깊은 곳으로 밀려나 무뎌지는 것뿐이다.** 나의 믿음을 '그럴 수도 있다.'고 긍정적으로 바꾸는 과정, 그건 매일 소소한 일기를 쓰며 가능하다. 나는 무거운 감정을 매일 밤 재생하기는 힘들어서 가끔 몰아서 감정을 들춰본다. 그리고 매일의 짧은 일기들은 그 기억들이 마음 깊은 곳으로 밀려나지 않도록 도움을 준다. 알아차림의 달인이 된다면, 어떤 상황을 마주친 느낌이 들자마자 자신의 믿음을 검토하고 바로 나에게 이로운 감정을 선택하여 행동할 수 있을지도 모르겠다.

세상의 수많은 경전과 쏟아져 나오는 책, 이름난 영성가들과 종교지도자들은 사람들에게 좋은 길을 알려준다. 하지만 우리는 그 내용을 참고해서 자신을 돌아보고 각자의 길을 탐구하여 자신만의 삶의 목적지, 경로, 속도를 스스로 선택해야 한다. 우리는 모두 고유하고 특별한 의식을 갖고 있기 때문이다.

관계 안에서
성장하는 우리

놀라운 존재

우리 주변에 놀라운 존재들이 숨어 있다. 바로, 사회의 믿음에 많이 물들지 않은 아이들이다. 나는 아이를 좋아하지 않았다. 내게 아이들이란 시끄럽고, 뛰어다니고, 질문을 많이 하는 귀찮은 존재였다. 나도 아이였을 때 똑같이 했음에도 그런 아이들을 좋아하지 않았다. 그런데 내 아이를 낳고 보니 아이들이 다르게 보인다. 이제 보니 아이들은 자신이 좋아하는 것과 재능을 잘 발견하고 잘 지치지 않으며 호기심이 가득하다. 무엇보다 다른 사람들 돕기를 좋아한다는 것을 알게 됐다.

암흑이라고 느끼던 결혼생활에 (신을 믿지는 않지만) '신은 감당할 수 있을 만큼의 시련을 준다고 하던데, 내게 천사를 보내주셔서 나를 살게 해주시는구나.'라는 생각을 했다. 딸은 건강하고, 잘 자고, 잘 먹고, 일도 잘 보는 아기였다. 아이를 보고 있으면 그저 행복했다. 그렇게 완벽한 존재를 보며 대충 구겨놓은 내 삶을 펼칠 힘을 냈다. 나와 아이를 위해 '잘' 살아가야겠다고 결심했다. 딸은 내가 뭔가 하려고 하면 도와주고 싶어 한다. 내가 무거운 짐을 들면, "엄마, 이거 내가 들게!" 한다. 자신이 이제 많이 커서 힘이 세졌다는 것을 보여주기 위함이지만, 굳이 힘자랑을 엄마 도와주는 일로 하곤 한다. 또 자신이 알게 된 새로운 방법이 있으면 나에게 몇 번이고 친절히 설명한다.

나뿐만 아니라 다른 사람을 위해서도 행동한다. 칭찬을 받고 싶어서가 아니다. 아이는 그저 스스로 기분 좋아지는 것을 안다는 생각이 들었다. 30개월도 안 되던 딸이 한국말은 조금 하지만 영어는 전혀 못 하던 때였다. 하지만 영어만 할 줄 아는 외국인 오빠, 언니들과 놀면서 아이들이 필요로 하는 것을 대신 해주려고 하는 장면에 감탄했다. '아! 누군가를 돕고자 하는 마음은 타고나는 거구나. 사람은 누구나 사랑의 존재라는 진실 앞에서는 성선설과 성악설이 의미도 없겠지만, 어쨌든 성선설이 맞네.' 하는 생각을 했다.

30개월의 아이는 따뜻한 말도 할 줄 안다. 나와 떨어져 지내야 할 때는 며칠 내내 가기 싫다고 속상해하다가 막상 가는 날은 오히려 나를 달래듯 "엄마 나 잘 놀고 올게. 가서 매일 전화할게. 엄마도 잘 놀고 있어."라고 말한다. 어린아이가 그런 마음을 쓰고, 말을 할 줄 안다는 것이 충격적이기도 했다. 신기하기도 하고 안쓰럽기도 했지만, 무엇보다 나에게 따뜻한 말을 하는 아이에게 정말 고마웠다. 이제는 아이들은 온전한 사랑의 존재라는 것을 알겠다(물론 아이뿐 아니라 모든 사람이 온전한 사랑의 존재라고 생각은 하지만, 나는 아직은 그들을 가리고 있는 장막들을 들춰내야 겨우 발견할 수 있다). 아이들은 밝은 미소만으로도 사람들에게 즉시 행복을 느끼게 해주는 아주 강력한 사랑이다.

생애주기는 시대나 환경에 따라 다르지만, 한 아이가 태어나고 자라서 부모로부터 독립한 후 자신만의 가정을 꾸리는 것, 그리고 양육을 하고 점점 나이가 들어가고 노년을 보내는 것을 말한다. 요즘은 그 주기도 많이 달라졌고 결혼이나 출산을 하지 않는 경우도 많다. 나도 내 또래에서는 꽤 늦게 첫 출산을 했고, 적당한 때는 사람마다 다르다고 생각한다. 하지만 법으로 정하지 않아도 자연스럽게 찾아오는 생애주기가 있다는 것은 이 세상이 우리에게 주는 선물일지도 모른다는 생각을 했다. 내 경우에는 결혼과 출산을 통해 나의 삶과 믿음을 돌아볼 수 있는 시간을 가질 수 있었다. 그리고 아이를 키우다 보면 잊고 있던 어린 시절이 떠오르는데, 그렇게 나 자신과 부모님을 진정으로 이해하고 사랑할 수 있는 시간을 가질 수 있다. 내 믿음이 나의 동반자와 충돌할 때의 나를 발견하는 것, 나 자신이 내 아이와 같은 정말 큰 사랑의 존재였던 것을 아는 것, 원망하거나 미워했을 수 있던 자신의 **부모님도 사실은 그들이 알고 있는 최선의 사랑을 주셨다는 것**을 알 수 있는 기회이다.

아이는 내게 예쁜 나뭇잎이나 돌멩이를 주워 준다. 나는 아이에게 선명하고 고운 색깔을 한, 상처 없는 나뭇잎이나 동그랗고 매끄러운 돌멩이를 주며 "이거 예쁘지?" 하고 쥐여주곤 했다. 내가 아이에게 자주 하던 것이라 그런지, 요즘 산책을 할 땐 아이도 나에게 "엄마, 선물!" 하면서 예쁜 걸 골라 와 내게 내민다. 많이 받아 본 선물임에도 불구하고 늘 놀라곤 하는데, 그 이유는 아이가 주워 온 건 내 것과는 많이 다르기 때문이다. 아이는 무지개처럼 알록달록한 것들을 좋아한다. 아직 물이 덜 든 나뭇잎, 그러니까 빨강, 주황, 노랑, 연두, 초록색이 모두 섞여 있고 거기에 떨어진 지 며칠 돼서 시들어 가는 갈색도 섞이고 벌레가 갉아 먹었거나 까만 상처가 있는 나뭇잎을 주워 온다. 돌멩이도 삐죽하고 거칠고 커다란 걸 주워서 예쁘다고 내게 준다. "응! 고마워." 하며 받지만, 이걸 간직해야 하나 자연에 돌려줘야 하나 고민이 든다. 언니에게 "이거 딸이 예쁘다고 준 거야." 그러면 언니는 "음…. 그래. 멋지네. 역시 네 딸이야." 한다. 그런데 돌이켜 보니 '아이는 아직 세상의 모든 걸 그냥 그 자체로 받아들이는 것이 아닐까?'라는 생각이 들었다(많은 사람들이 내게 꿈보다 해몽이 좋다는 말을 하기는 한다). 나는 돌은 뾰족한 것 없이 다듬어지고 이파리에는 상처가 없어야 예쁘다고 생각해 왔다. 그런데 우리 삶에 어느 한 군데 모난 곳 없는 사람이, 상처 없는 이파리 같은 사람이 있던가. 나는 나뭇잎한테도 "너 있는 그대로 참 예쁘다."고 못 하는데, 사람한테 어떻게 할 수 있을까.

요즘 아이는 아빠와 지내고 나는 혼자 산책을 할 때가 많은데, 떨어져 있는 나뭇잎을 보거나 바닥에 굴러다니는 돌멩이를 보며, 그 자체로 완벽하다는 것을 떠올린다. 그리고 확실히 전보다 더 예뻐 보인다. 나중에 아이가 더 커서도 자신만의 시각을 갖고 소신껏 예쁘다고 말할 줄 알면 좋겠다.

주파수 맞추기

이 세상의 모든 것은 에너지이고 그에 맞는 주파수를 갖고 있다. 사람을 포함한 이 세상의 모든 물질은 아주 작게 쪼개고 쪼개면 원자로 이뤄져 있고, 그 원자는 에너지를 갖고 있다. 그래서 원자력발전도 가능하다. 그런데 이 원자의 99.999% 이상이 빈 공간이라고 한다. 그렇다면 물질의 본질은 비물질이라고 할 수도 있을 것이다. 그리고 우리의 생각, 느낌, 감정, 말 같은 비물질도 물질과 같이 에너지를 갖는다고 한다. 믿어도 되는 말인가 싶을 수 있지만, 우리는 이런 것들을 이미 알고 있다.

어깨가 무거워 = 책임감이 느껴지면 무언가 나를 짓누르는 것 같다.

마음이 가벼워 = 문제가 해결됐을 때 몸도 마음도 편안하고 가뿐하다. 나를 누르는 힘이 없는 것 같다.
속에서 열불이 나 = 화가 나면 몸속에서 뜨거운 에너지가 느껴진다.
저 사람이랑 있으면 기가 빨려 = 상대하기 힘든 상대와 함께 시간을 보내면, 나의 에너지가 줄어드는 느낌이 든다.
말이 씨가 된다 = 장난으로 한 말을 정말 현실로 마주할 때가 있다.

우리는 이미 우리의 느낌, 생각, 감정, 말, 이런 비물질적인 것들에 힘이 있다고 인지하고 있다. 생각도 에너지이기 때문에 내 에너지에 따라 나와 맞는 에너지가 주변에 있다. 그래서 나와 친한 친구들은 생각이 비슷하다. 유유상종, 초록동색, 그리고 짐 론(Jim Rohn)의 말, "당신은 당신이 가장 많은 시간을 함께 보내는 다섯 사람의 평균이다(You are the average of the five people you spend the most time with)."

주파수를 맞춘다는 건 새로운 친구를 사귀는 과정과도 같다. (옛날 버전으로) 친구와 둘이 같이 H.O.T.를 좋아해서 매일 그 이야기를 했는데, 나는 요즘 젝스키스가 더 좋아졌다. 나는 이제 H.O.T. 이야기는 궁금하지 않다. 그렇게 그 친구와 점점 대화가 줄고 젝스키스를 좋아하는 친구들과 더 어울리게 된다. 원래 친했던 친구라서 여전히 대화를 하지만 예전만큼은 아니다. 그리고 새로 친해진 친구와 더 죽이 잘 맞는다는 것을 알게 됐다. 그렇게 내 세상은 옛 친구와 진동하던 에너지는 줄어들고 새 친구와 진동하는 에너지가 커

져간다. 예부터 나쁜 친구를 사귀지 않도록 조심하라는 것은 우리는 서로 친구의 주파수에 동조되기 때문이다. 주파수가 유난히 낮은 사람과 자주 부딪히면, 점차 자신의 주파수도 낮아질 수 있다.

기분이 좋은 것은 높은 주파수에 있는 것이다. 매일 기분이 오락가락하는 사람들도 있는데, 일정하지 않은 주파수 때문에 좋은 일이나 사람이 오다가도 도망갈 수 있다. 회사에서 동료가 평소보다 기분이 좋아 보여서 '하던 일만 끝내고 가서 좋은 일이 있는지 물어봐야겠다.' 하는 마음이 들었다. 하던 일을 마친 후 자리에서 일어나려고 보니 그 동료가 혼자 투덜거리며 짜증을 내고 있다. 뭔가 하던 일이 잘 안 풀렸나 보다. 나는 그럴 때는 굳이 옆에 가지 않는다. 그 사람의 짜증이 조금 가라앉고 차분해 보일 때 찾아가서 무슨 일이 있었는지 물어볼 것이다. 그러다가 그날은 내 일도 바빠져서 그 동료에게 못 가볼 수도 있고, 그런 일이 몇 차례 반복되면 점점 멀어지게 된다.

친한 친구와 있어도 가끔은 서로 기분이 안 맞아서 불편하다. 주파수가 비슷한 사람이더라도 자신이 갖고 있는 주파수의 파동 주기가 상대방과 맞으면 보강간섭이 생겨 기분이 좋고 편안한 상태가 되며, 주기가 맞지 않으면 상쇄간섭으로 기분이 안 좋아진다. 내가 기분이 아주 좋아서 친구를 만나러 갔어도 친구가 울고 있을 때는 친구의 마음을 달래줘야 한다. 그러다 보면 아무래도 나도 기분이 가라앉을 수밖에 없는 것이다.

그리고 공명은 자신이 가지는 내부 주파수와 외부에서 오는 주파수가 맞으면 동시에 울리면서 그 힘이 더하기가 아니라 몇 배로도 커지는 것이다. 그래서 공명하면, 작은 힘으로도 아주 큰 힘을 만드는 결과를 낸다. 하루아침에 성공한 사람들처럼. 한 사람의 주파수 에너지는 작지만 자신의 규칙적이고 높은 주파수를 유지하고 있었던 결과일 것이다. 일정한 주기로 반복되는 높은 주파수에 보강간섭으로 공명이 일어나면 기적 같은 일이 생기기도 하는 것이다.

결국 우리의 주파수가 바뀌면 자연스럽게 자신과 주파수가 맞는 사람들을 만나게 된다고 한다. 내가 바뀌면 나와 주파수가 맞지 않게 된 주변의 사람들과 멀어질 수 있다. 마음에 들지 않는 누군가가 있다면 자신이 왜 그 사람을 좋아하지 않는지 생각해 봐야 한다. 좋아하지 않는 그 점에 대해 내가 어떤 믿음을 갖고 있는지 알아봐야 하는 것이다. 이 관찰은 꽤 어렵다. 밉고 보기 싫어서 자신 안에 꽁꽁 숨겨둔 나의 못난 모습을 마주해야 하기 때문이다. 하지만 그 모습까지 내 모습임을 인정하고 그 모습도 사랑하게 된다면 주파수가 높아진다. 그 모습조차 사랑하게 됐다면 마음에 들지 않던 그 사람이 예전과 같이 행동해도 별로 신경 쓰이지 않을 것이다. 그리고 그 사람은 자신의 그 행동이 나에게는 통하지 않는다는 것을 무의식중에 깨닫고 점점 멀어지게 된다.

성공한 많은 사람들은 '내가 이미 갖고 있는 나의 능력으로 어떻게 사람들을 도울 수 있을까?'에 대해 고민하라고 한다. 내가 다른 사람들을 도울 수 있는 가치 있는 일을 하면, 사람들을 도운 만큼 다시 나에게 가치로 돌아오기 때문이다. 그 가치가 돈일 수도 있고, 내게 딱 필요한 사람일 수도 있고, 다른 것일 수도 있다. 우리는 이미 충분히 많은 것들을 갖고 있지만 발견하지 못한 것뿐이다. 그 능력을 발견하기 위해서 우선 나를 알아야 한다. 그리고 **능력을 발견한 후 실천하는 것은 사랑으로 살아가는 것이다. 나를 포함한 모든 사람들에게 이로운 일이다.** 이건 우리나라의 사상적 토대인 홍익인간과도 연결된다. 그리고 유교에서 가장 중요한 덕목인 인(仁, 어질 인: '사랑하다.'라는 의미 말고도 과일의 씨, 핵심이라는 뜻도 있다. 사랑은 열매를 키우는 씨앗, 우리를 성장시키는 씨앗이자 핵심이다), 불교의 자비, 기독교의 사랑과 같다. 앞에서도 말했지만 그 외 다른 종교들의 핵심도 사랑이라고 한다.

천상천하유아독존(天上天下唯我獨尊)은 '하늘 위와 아래, 오직 나 홀로 존귀하다.'라는 뜻이다. 이 말은 '각자 자신을 가장 높은 존재로 두라. 나를 가장 먼저 사랑하라. 그리고 우리 모두 각자 높은 존재이므로, 세상 모든 존재가 모두 다 귀하다.'는 말로 설명할 수 있을 것 같다. 우리는 나를 사랑해야 남도 사랑할 수 있다. 세상은 내가 인식하는 방식으로 존재하고, 내가 인식하는 세상이 나의 삶이다. 또 이 세상이 하나라는 것을 받아들인다면 모든 것이 나이기 때문에 나 홀로 존귀하다는 말과 이어진다. 우리는 자신을 사랑함으로써 자신의 주파수를 높일 수 있고 그렇게 내게 오고 있는 인연도 자연스럽게 바뀔 수 있다. 나의 인생이 변한다. 그리고 자신의 믿음, 목적지를 알고, 속도와 방향이 비슷한 사람을 만나 함께한다면 조금 더 쉽게 행복을 발견하며 살 수 있지 않을까 생각한다.

나를 보여주는 관계

나는 최근 몇 년간 해외에서 살기 시작하고 출산과 육아를 하면서, 사회적 활동과 친구와의 만남을 모두 미뤄뒀다. 결혼과 이혼의 상황에서 혼란스러웠던 나는 회복의 시간이 필요했고 내 삶을 돌아봐야 했기 때문이다. 그리고 관계가 정말 중요하다는 것을 알게 된 이제는 다시 사람들을 만나고 싶다. 그렇지만 나의 믿음이 조금 변했기 때문에 지금의 나는 예전과 다르다고 생각해서, 친한 친구들과의 관계조차 거리감이 들까 걱정이 됐다. 심지어 여전히 달라지지 않은 언니와의 관계가 마음에 걸렸다. 어릴 때부터 엄마처럼 나를 챙기던 언니는 어쩌면 나와 가장 가까운 관계지만, 결혼 이후에는 여러 가지 이유로 거리감이 생겼었다. 사실 그것도 언니는 그대로였지만 나 혼자 변했던 것 같다. 아이 아빠와 헤어지고 난 후부터 예전처럼 나는 또 언니에게 기대 살고 있었지만 모든 이야기가 조심스러웠다. 나의 힘들었던 이야기를 자세히 하면 가족과 친구들은 모두 나를 측은히 여기고 마음 아파할 것이 싫었고, 날 그렇게 보는 것도 싫었다. 그래서 나는 늘 입을 닫고 있었고 그렇다 보니 언니와 나는 사이가 나쁘다기보다는 한없이 멀어진 느낌이었다. 같이 살고 있지만 권태기의 부부처럼 정말 피상적인 이야기, 꼭 필요한 대화만 하며 살았다. 또 현실에 만족하지 못하는 불편한 이야기들, 나를 걱정하고 판단하는 말들, 제삼자의 이야기나 뉴스에 대한 이야기를 듣는 것이 내게는 시간 낭비로 느껴졌다. 언니와 의견이 충돌하면 대화의 불편한 기운이 조카와 딸에게 영향을 미칠 것도 싫었다. 그래서 나는 불편한 상황을 피해 다녔지만 그럼에도 언니는 종종 나를 붙들고 이야기했다. 똑똑한 언니는 옳은 말을 했고 내가 모르던 내 마음을 이야기해 줬다. 나는 주로 내 믿음은 그게 아니라고 마음속으로만 이야기했고, 대화에 깊이 빠져들지 못했다. 그리고 마음 한편에서는 '가족들과도 불편해하면서 누구랑 어떤 소통을 하겠다는 거야!'라는 생각도 들었다.

하루는 그 불편한 대화 속에서 실마리를 발견했다. 언니의 한마디. "네가 지금 그렇게 말하잖아." 나는 "어떻게 해! 어쩔 수가 없잖아. 지금은 그럴 수밖에 없는 상황이잖아!"라며 다른 상황이 나를 이렇게 만들었다고 상황 탓을 하고 있었다. 누군가의, 무언가의, 혹은 이유도 모르는 것의 탓. 피해받았다는 그 마음, 나는 그 마음을 몇 번이고 인정해 주고 이제 놓아버렸다고 생각했지만 여전히 자리 잡고 있었다.

우리는 내 안의 것 이외에는 통제할 수 없다. **통제할 수 없는 상**

황을 받아들이는 '그럴 수도 있지.'라는 마음과 '어쩔 수 없지.'의 마음은 다르다. 비슷한 말 같지만 어쩔 수 없다는 말은 피해받았다는 마음이 있는 말이다. '그럴 수도 있다.'가 내려놓음이라면, '어쩔 수 없다.'는 저항의 상태에 있는 말이다. 그래서 우리는 자신이 하는 말에 늘 주의를 기울여야 한다. 무의식적으로 하는 말에 우리의 생각, 믿음, 느낌, 감정이 모두 담겨 있기 때문이다.

언젠가 사람들이 많이 다니는 곳에서 아이 아빠에게 욕을 들은 적이 있다. 친구들끼리 장난으로 섞어 하는 욕도 아니고, 나를 비난하기 위한 진심의 욕을, 나는 살면서 들어본 적이 없었다. 평소 툭툭 치고 지나가는 식의 모욕적인 말들에는 그나마 맷집이 있었지만 직접적으로 내 앞에서, 많은 사람들이 있는 곳에서 욕을 듣는 것은 처음 겪어보는 경험이라 충격이 컸다. 그리고 수많은 사람들 앞에서 소리 높여 발끈하는 나를 봤다. 나는 사람들이 많으면 더 화내지 않고 조용히 넘어가는 성격이었기 때문에 나 스스로도 깜짝 놀랐다. 그 당시에는 깜짝 놀란 것에 신경 쓸 겨를도 없이 다시 그 모욕감에 집중했고, 서러움과 울분이 용솟음치고 그 사람이 정말 제정신이 아니라고 생각했다.

나는 그 상황으로 다시 들어가 내 마음과 그 사람의 느낌과 감정을 돌아봤다. 억울함과 분노에 마음 깊숙이 묻어두고 있던 그 아픔을 봐줄 때 나는 많이 아팠고, 그때의 내가 너무 안쓰러워 꼭 안아줬다. 그리고 그 사람의 마음도 느껴보았다. 상대방의 입장이 돼보니 놀랍게도 내 입에서 욕이 쏟아져 나왔다. 내 마음이 그랬던 것처럼 그 사람의 마음을 느끼는 것도 너무 아팠다. 보통 내 말투는 차분하고 사람들의 의견에 거의 반대하지 않는다. 그렇지만 모든 것에 yes를 하는 사람은 아니다. 나는 그 사람 뜻대로만은 되지 않는 사람이었고, 그게 반복되며 그에게 좌절감을 안겨줬다는 것을 알았다. 나와 함께하는 시간들이 행복하지 않았다는 것이 가슴 깊이 느껴졌다. 그리고 내가 그 사람을 어려워하던 것처럼 그 사람도 나를 어려워하고 있었다는 것도 알게 됐다. 나를 함부로 대했던 행동들은 자신을 표현할 수 있는 방법을 몰라서였다는 것도, 그래서 늘 저렇게 자신 안에서 괴로워했을 그 사람이 참 안쓰러웠다.

그리고 이제는 '세상은 내 무의식을 겉으로 보여주는 것'이 사실이라는 확신이 들었다. 그 당시 나는 집 안의 가장 구석진 곳이나 아파트 건물의 계단실에 앉아 처량한 모습으로 신세한탄을 하면서 혹은 '점점 괜찮아지겠지.'라고 생각하며 울면서 버텼다. 하지만 그렇게 해서는, 내가 변하지 않고서는 절대 상황이 나아지지 않는다. 그때의 나를 안아주다가 문득, 그 사람이 뱉은 욕은, **내가 나 자신에게 하는 말임을 깨달았다. "야! 언제까지 이렇게 살 거야! 매일 울기만 하면서 살래? 이제 깨어나! 정신 차리라고!"** 물론 그 사람의 진심은 나는 모른다. 그게 진실이든 아니든 나는 그때의 폭발적인 괴로운 감정을 이제는 어느 정도 받아들일 수 있게 됐다. 그 사람에게 내가 그런 인연이라서 참 미안했고, 그럼에도 사랑스러운 딸아이를 낳을 수 있게 해준 것이 참 고마웠다.

그렇게 한껏 울고, 집 안 청소를 시작했다. 청소기도 밀고, 평소 안 하던 걸레질도 하고 마지막에 샤워까지 하고 나니 정말 상쾌했다. 나는 청소를 즐겨 하는 사람은 아니지만 많은 성공한 사람들이 자주 이야기하는 것 중 하나가 '깨끗이 청소하는 것'이다. 우리 부모님께서는 매우 깔끔하셨고 늘 과하다 싶게 청소를 하셨다. 억지로 같이 청소하던 그 시간이 싫었던 나는 혼자 지낼 때는 청소를 잘 안 했다. 그런데 가끔 내가 큰마음 먹고 청소하는 날이 있는데, 그건 기분이 안 좋아 우울의 늪에 빠져 있다가 정신 차려야겠다고 생각하는 때라는 걸 알게 됐다. 어쩌면 어린 시절부터 청소하면 마음도 깨끗해진다는 것을 느꼈을지 모른다. 혹은 주변 환경이라도 깨끗이 해서 내 몸을 살리기 위한 본능인지도 모르겠다.

어질러져 있고 지저분한 빈집에 들어간 도둑은 무심하게 물건들을 건드리며 좋은 물건이 어디 있나 찾아볼 것이다. 하지만 정리가 깔끔하게 돼 있고 깨끗해 보이는 집이라면 도둑도 조심히, 가능한 자신의 흔적을 남기지 않게 행동할 것이다. 그처럼 우리 마음이 깨끗하게 닦여 있고 정리돼 있다면, 사람들이 그 사람의 단정한 마음에 섣부른 행동을 하지 못할 것이다.

이런 경험들이 있은 후로 나는 상대방이 하는 말이 내가 나에게 들려주고 싶어 하는 말이라는 생각으로 이야기를 들으려고 노력한다. 여전히 그걸 잊고 화가 날 때도 많지만, 그렇게 들으려고 하다 보면 나를 비난하거나 미워하는 말 속에서도 진실을 찾을 수 있다.

"무플보다 악플이 낫다."는 말처럼 욕조차도 내게 관심이 있다는 것이니까. 그럼에도 나는 당연히 애정이 듬뿍 담긴 관심을 더 좋아한다. 가끔은 길에서 마주치는 사람들이 나를 향해 먼저 미소 지어 인사하면, 내가 나 자신에게 웃어주는 느낌을 받는다. 그래서 내가 먼저 사람들에게 미소 짓고 감사하거나, 내 실수를 인정하고 사과하거나, 상대방을 존중하는 마음을 내는 것이 조금은 더 쉬워졌다.

그렇다고 상대방의 모든 모습이 나의 모습은 아니라고 생각한다. 내가 만드는 나만의 세상이 있듯, 다른 사람이 만드는 그 사람만의 세상도 있기 때문이다. 단지 내가 내 마음에 걸리는 다른 사람의 특정한 모습을 발견한다면, 나에게도 그런 특징이 일부, 혹은 많이 있어서 그 점이 보이는 것이라고 생각한다. 특히 내게 반복되는 어떤 상황이 있다면, 그게 내게 어떤 의미를 말해주고 싶어 하는 것인지 나와의 깊은 대화가 필요하다.

가끔은 인생에 심각한 상황이 발생하기도 한다. 도를 넘은 언어적, 신체적, 정신적 폭력과 학대를 참고 견디는 것은 안 된다고 생각한다. 폭력은 절대 용납될 수 없기 때문이다. 폭력은 폭력을 낳을 뿐이다. 그리고 **그 굴레에서 벗어나겠다는 나의 결정은 내 인생을 바꾸기 시작한다.** 심각한 상황이 다가온 경우에는 그저 산사태가 난 것으로 받아들이라는 이야기를 들은 적이 있다. 폭우에 산사태가 나면 우리는 자연재해로 받아들인다. 모든 것에 인과관계와 작용반작용의 법칙이 작용하더라도 우리가 절대 밝혀낼 수 없는 이유도 있다. 그럴 수도 있다. 심각한 상황에 있다면 당장 피하거나, 도움을 청해야 한다. 그 후에 일어날 일들에 앞서 두려워하지 말아야 한다. 참고, 참고, 또 참다가 더 큰 일이 올 수도 있다. 내가 나 스스로의 부모인 듯 나를 잘 키우는 것, 부당한 상황에서 용기 있게 나를 지킬 수 있는 것이 나를 사랑하는 것이다.

거울이 없으면 나는 내 얼굴을 보지 못한다. 바닥에 고인 물이든 창문이든 핸드폰 액정이든 어딘가에 비춰야 나를 볼 수 있다. 우리가 자신을 보기 위해서는 다른 매개체가 필요하다. 내 앞에 누군가가 없으면 내가 어떤 모습이고 어떤 사람인지 알 수 없다. 그래서 관계(나와의 관계, 그리고 세상과의 관계)는 꼭 필요하다. 혼자만의 세계에 빠져 있으면 나의 목적지로 잘 가고 있는지 알아차릴 방법이 없다. 소통을 통해 스스로 못 알아차리던 자신을 만날 기회를 가질 수 있다. 세상의 모든 일들은 사람을 통해서 온다고 한다. 좋은 일도 나쁜 일도, 관계와 소통이 있어야 내게 온다. 만약 돈이 필요한 상황에서는 하늘에서 돈이 뚝 떨어지는 것이 아니라, 같이 사업을 할 사람을 만나게 되거나 누군가 내게 돈을 벌 기회를 알려준다.

또한 우리가 책을 읽고, 음악을 듣고, 영화나 뮤지컬을 보는 것들은 모두 이야기의 굴곡을 즐기기 위해서이다. 많은 이야기의 굴곡을 내가 이해하고 받아들일 수 있을 때 우리는 성장한다. 그래서 많은 사람들이 독서와 다양한 경험을 그렇게 강조하는 것이다.

나의 강력한 믿음들을 점차 변화시키면서 물레에서 돌고 있는 작은 그릇은 점점 넓고 깊어진다. 우리는 그렇게 큰 그릇이 된다. 점차 발전적인 습관이 생기고, 관계가 더 나아지며, 더 많은 것을 담을 수 있고, 삶은 더 쉬워진다. 성공한 사람들이 말하는 안전지대(comfort zone)가 넓어지는 것이다. 플라톤은 "당신이 만나는 누구나 자신만의 힘든 전쟁을 치르고 있으니 친절하게 대하라(Be kind, for everyone you meet is fighting a hard battle)."라고 전한다. 우리는 모두 굴곡 있는 사람들이며, 나는 무엇보다 사람들을 이해하는 데 노력을 기울이고, 친절하고 싶다.

혼잣말

딸이 아빠와 시간을 보내러 갔던 지난 크리스마스에 나는 8살인 조카와 둘이 소파에 앉아 조카가 크리스마스 선물로 받은 구슬 꿰기를 하고 있었다. 그리고 네빌 고다드의 혼잣말과 관련한 영상을 틀어놓고 듣고 있었다. '그래. 혼잣말은 정말 중요해. 언제 들어도 이 부분은 마음이 뜨끔해. 마음속에서 혼잣말로 내가 다른 사람들하고 자꾸 싸우지.' 그런 생각들을 하면서 구슬을 꿰어 열쇠고리를 만들 때, 조카는 내 옆에서 한참 알쏭달쏭한 표정으로 듣고 있었다. 그날 저녁 조카는 언니에게 말했다.

조카: 엄마, 혼잣말이 인생이래.

언니: 응? 무슨 말이야?

조카: 아까 이모가 듣고 있던 거에서 그랬어.

언니: 아. 그랬어?

내 방에서 그 이야기가 들려 벌떡 일어나서 조카에게 가서 설명했다.

나: 아니, 혼잣말이 인생인 게 아니라. 좋은 혼잣말을 하다 보면 좋은 인생이 만들어진다는 뭐 그런 말이야. 이게 내가 나 자신과 하는 대화인데….

조카: 음….

이해가 쏙 되지 않는다는 표정의 조카에게 더 설명하는 것이 어렵다는 생각이 들어서 나는 다시 방에 왔다. 그리고 다시 생각해 보니 조카 말대로 '혼잣말이 인생을 만드는 것'이었다. '아! 정말 혼잣말이 인생일 수 있네.' 혼잣말은 내면의 대화, 속으로든 밖으로든 나 자신과 대화하는 것이다. 자기 자신과의 대화가 따뜻하고, 즐겁고, 힘이 된다면, 늘 긍정적이고 자존감 높은 사람일 수밖에 없을 것이다. 또 그런 방식으로 다른 사람과 대화한다면, 많은 사람들이 그 사람을 좋아할 수밖에 없을 것이다.

어렴풋이 느끼고 있었지만, 나는 이제껏 건강하지 않은 혼잣말을 해왔다. 우리의 믿음(생각)이 우리의 삶을 만든다면, 우리의 말은 우리의 믿음(생각)을 만든다. 의식과 무의식은 우리가 입 밖으로 소리 내서 하는 말이든 속으로 하는 말이든 나의 모든 말을 듣고 있기 때문에, 내가 자주 하는 말을 쉽게 믿음으로 만든다. 콕 집어 혼잣말이 인생이라고 하니 내 인생이 왜 이 지점에 있는지 알게 됐다. 네빌 고다드의 이야기를 잠깐 들어보고 의미를 정확히 파악한 조카가 대단하다는 생각이 들었다. 역시 아이들은 놀라운 존재이다.

 부족함이 없었지만 재미와 의미가 없던 결혼 전의 삶과 결혼생활이 힘들었던 이유를 알게 됐다. 나의 나쁜 혼잣말은 나를 파괴하고, 의심 많은 혼잣말은 내가 원하는 것에서 멀어지게 하며, 우울한 혼잣말은 나를 더 고립시키고, 다른 사람들에게 한 잔인한 혼잣말은 그들에게 못되게 굴고 있는 나를 인식해서 스스로를 미워하게 만든다. 나와의 대화를 건강하게 만들지 않으면 나의 삶은 제자리에서 반복되고, 점점 어두워진다. 건강한 관계는 우리 인생을 더 풍요롭게 만들고, 행복한 삶, 건강과 장수의 비결이기도 하다. 건강한 관계는 건강한 대화로 만들어지며 특히 나와의 관계, 혼잣말부터 시작한다.

 관계라는 것은 상호작용이기 때문에 어느 한 사람만 잘한다고 좋아지는 것은 아니다. 세상일에는 작용반작용, 인과관계라는 법칙이 적용되는데 학교에서 배운 대로 나와 사람 A, 나와 물체 B만의 관계를 이야기하는 것이 아니다. 나와 세상이라는 관계를 적용해야 한다. 내가 A에게 못되게 행동했지만, A는 아무렇지 않게 받아들이거나 괜찮다고 이야기할 수 있다. 하지만 평소에 친하던 B가 아무 이유 없이 내게 못되게 구는 상황이 생길 수 있다. 모르는 사람 C가 내게 아주 나쁜 행동을 할 수 있다. **이 세상에는 나와 세상**(밖으로 보이는 세상, 그리고 내 안의 세상)**과의 관계만 있다.** 우리는 바깥세상이 내게 어떤 삶을 보여줄지 알 수 없지만, 한편으로는 예측할 수도 있다. 내가 진심과 사랑으로 세상을 대하면, 세상도 진심과 사랑으로 나를 대한다.

나는 뭔가 하지 않으면 마음이 불안했고, 성장하지 않는 기분이었기 때문에 바쁜 삶을 즐겼다. 그만큼 내 시간을 소중히 여겼는데, 가끔 다른 사람들은 내 시간을 존중하지 않기도 했다. 누군가 약속 시간에 늦는 걸 정말 싫어했고 기다리는 내내 초조해서 상대방을 원망했다. 그런데 요즘에는 기다려야 하는 시간이 아무렇지 않다는 것을 알게 됐다. 잠깐 멈춰 낯선 풍경을 바라볼 여유가 생겼고, 내 한구석에 있는 믿음을 보며 나와 대화할 수 있는 시간이 생긴 것이며, 책 읽을 시간이 생겼기 때문이다.

나와 대화한다는 것, 나의 기억과 믿음을 돌아보는 일은 처음에는 괴로움을 잊고 싶다는 의도를 가지고 했다. '마음을 보면 삶이 바뀐다던데….' 하는 마음으로. 하지만 그런 의도를 갖고 있다는 것도 처음에는 잘 몰랐다. 하다 보니 짧은 기간에 끝날 것이 아니라는 것을 알았고, 나 자신이 궁금해지기 시작했다. '평생 했어야 할 숙제를 마흔이 넘어서 시작하니 시간이 걸리겠네.' 하면서 틈날 때마다 하게 됐다. 가끔은 갑자기 선명하게 어린 시절의 모습이 떠오르기도 했는데, 그럴 때 그 어린 나를 만날 여건이 안 되면 메모를 해놓고 혼자 있는 시간에 만나러 갔다. 그리고 이제는 내게 다양한 모습이 있는 것이 참 고맙고 사랑스럽다. 부정적인 면이라고 생각했던 것들이 어느 하나 부정적이기만 하지도 않았고, 내게 일어나야 할 일들이 일어났던 것이라는 게 자연스럽게 받아들여졌다. 이것이 내 믿음의 가장 큰 변화인 것 같다. 나와의 대화의 시작을 위해 '그 일이 정말 괜찮아?'라고 물어보고 기다리다 보면 마음은 나에게 답을 한다. 엉뚱한 답을 해도 절대 나를 비난하지 않아야 한다. 나 자신을 향한 비난은 그 마음 아픈 나의 어린아이를 더 깊숙이 숨게 만들기 때문이다. 그리고 나와의 이런 따듯한 대화는 결국 다른 사람들과의 건강한 대화에 자연스럽게 영향을 미친다. 그래서 나는 오늘도 책상 앞에 놓아둔 거울을 보며 나에게 말을 걸어본다.

당신의
현 위치는?

나무와 사람

요즘 나는 사는 게 재미있다. 매일 성장하고 나 자신을 진실로 알아가는 그 과정이 참 흥미롭다. 늘 웃고만 산다는 말이 아니라 슬프고 괴로운 일도 있지만 그것 또한 자연스러운 것이고, 잠깐 이 마음을 보살피고 나면 또다시 웃을 일도 있고 좋은 일도 생긴다는 것을 아는 것이다.

매일 산책을 하면서 멀뚱히 길거리 벤치에 앉아 있다가 문득 '사람의 인생은 나무와 닮았다.'는 생각이 들었다. 사람도 나무처럼 매일 조금씩 자란다. 사람이 어떤 노력을 하고 그 과정을 통해 성과를 내고, 또다시 그 성과는 내려놓고 다음 단계로 나아가는 것처럼, 나무도 계절마다 잎의 색이 변하고 열매를 맺고 나뭇잎이 떨어졌다가 다시 새잎이 나는 성장의 패턴을 반복한다. 한 해, 한 해가 갈수록 사람에게 주름이 생기는 것처럼 나무는 나이테가 생긴다. 나이 든 사람들이 더 안정되어 보이는 것처럼 어린나무의 흔들리던 약한 뿌리는 성장하면서 더 깊고 넓게 내려 안정된다. 가끔 사람들이 병이 나거나 몸의 일부를 다치기도 하고 아주 큰 사고를 당해 상상하지 못했던 삶을 살게 되는 것처럼, 나무도 병들거나 썩거나 가지가 부러지기도 하고 벼락을 맞아 반 토막이 나기도 하지만, 또 스스로 치유하며 그 상처를 안고 다시 자라난다.

사람들이 각자의 영역에서 자신의 몫을 해내듯, 어떤 나무는 목재가 되어 가구로 쓰이고, 집의 기둥이나 숟가락으로, 종이로, 톱밥으로 이 세상을 돕고, 또 어떤 나무는 한자리를 굳건히 지키며 그늘을 만들거나 열매를 주는 방식으로 세상을 돕는다. 생을 다한 사람들은 살아 있는 사람들의 마음에 남아 앞으로의 삶을 응원하기도 하고, 삶의 소중함을 알려준다. 그처럼 늙거나 병들거나 자연재해로 나무가 생을 다하면 땅에서 썩어 자양분이 되며, 그건 다시 새 생명을 만드는 데 한몫을 한다.

우리가 사람들 간에 쉴 새 없이 주고받는 영향력처럼 나무도 나무들끼리 영향력을 주고받기도 한다. 예전에 제주의 환상숲 곶자왈에서 나무 이야기를 들은 적이 있다. 가시덤불이 숲을 덮으면 그 아래에서 생명력이 강한 참나무와 소나무가 쭉쭉 키가 커서 빛을 받는다. 그러면 다시 키 큰 나무그늘에 가려진 가시덤불은 죽었다가, 땅에서 가시덤불이 다시 참나무와 소나무를 타고 성장하면 그 나무들을 덮어버리는 이 과정을 반복한다고 한다. 치열한 생존경쟁 같기도 하고 여당과 야당의 정권교체 같기도 하다.

또 갈등이라는 단어의 뜻도 배웠는데, 우리가 흔히 사용하는 단어인 갈등(개인이나 집단 사이에 이해관계가 충돌한다는 의미)의 갈은 칡(갈나무)덩굴, 등은 등나무 덩굴을 말한다. 갈등은 이 두 덩굴이 뒤엉켜 풀기 힘든 엉망인 상태를 보고 나온 단어라고 한다. 처음에 각자의 방식으로 오른쪽, 왼쪽 방향으로 돌며 자라난 두 덩굴은 처음에는 헐겁게 자라나다가 1년쯤 지나면 가운데 있는 것을 아주 꽉 비틀어 서로 상처를 내며, 시간이 더 지나면 다시 느슨해져서 서로 같이 살아가는 방법을 찾아간다고 한다. 나무는 사람의 삶과 참 비슷한 것 같다. 오히려 공존하는 방법을 더 잘 알고 있는 것 같기도 하다. 또 나무는 사람과도 영향력을 주고받는다. 나무가 낙엽이라는 흔적을 남기면, 나는 예쁜 색의 나뭇잎을 주워 와 책갈피를 만들어 한 해를 함께한다. 바스락거리는 소리를 들으며 아이와 손잡고 걷는 추억을 만들 수 있게 한다. 어떤 날은 폭풍우와 지진과 뜨거운 햇볕을 묵묵히 이겨내듯, 또 어떤 날은 산들바람과 촉촉한 봄비와 따스한 햇볕에 기분 좋듯 **나무도 사람도 그냥 그렇게 살아간다. 어느새 쑥 커 있는 나무처럼, 어느새 쑥 자라 있는 남의 집 아이처럼, 그게 그냥 삶인 것 같다.** 나는 뿌리가 뽑힐뻔한 위기를 잘 이겨내고, 더 깊고 넓게 뿌리내려 굳건히 서 있는 방법을 찾았다. 언젠가 또 그런 시간이 올지도 모르지만, 나는 매일 자라고 있고, 그때는 또 그 상황에 맞는 적당한 방법을 찾게 될 것이다.

축하

내가 잘하는 것 중 하나가 지인들의 생일을 기억했다가 축하 메시지를 보내는 것이다. 나는 그때라도 그 사람을 기억하며, 지난 소중한 추억을 떠올리기도 하고 내게 이런 좋은 사람이 있다는 것에 기분 좋아하기도 한다. 만약 일부러 챙기려고 했다면 엄청 스트레스였겠지만 그 날짜가 되면 '아! 오늘은 누구 생일인데.' 하고 떠오른다. 이제는 연락처를 모르는 경우도 있고, 날짜가 가물가물한 사람들도 있지만 기억이 나면 연락을 한다. 가끔은 너무 오랜만에 하는 연락이라 축하 메시지를 보낼까 말까 고민되기도 한다. 또 선배들한테 메시지를 보낼 때는 내가 이 선배한테 반말을 했나 존댓말을 했나 헷갈리기도 한다. 어쨌든 나를 지금 이 순간에 있게 해준 소중한 사람들이고, 그들의 탄생을, 그리고 삶을 축하하고 싶다. 전에는 이런 깊은 의미가 있어서 연락을 했던 건 아니다. 정말 소소하게 오랜만에 온 메시지 한 줄에 살짝 미소 짓는 하루가 되길 바라는 마음, 그것뿐이었다.

그런데 참 웃긴 건, 나는 생일축하받는 것을 엄청 쑥스러워하고 어쩔 줄을 모른다는 것이다. 나는 어딘가에 공개되는 정보에 생일이 있으면, 대부분 일부러 가려놓았다. 축하 메시지를 받거나, 사람들이 내 앞에서 생일축하 노래도 불러주고 선물도 주고 하면, 고맙지만 부담스러운 마음이 더 컸다. 언젠가부터는 제발 내 생일이 아무에게도 알려지지 않고 조용히 넘어가면 좋겠다는 생각도 컸다. 예전에는 '나이 들어서 무슨 생일축하야.' 하는 생각을 했는데, 최근에는 그게 이유가 아니라는 것을 알았다. 왜 이런 이중적인 모습이 있는 것일까 고민해 본 결과, 나는 나 자신을 수치스럽게 여긴다는 것을 알게 됐다. 처음에는 수치심이라는 것이 무엇인지 와닿지 않았다. 수치심을 부끄러움이라고 하기에는 부족한 느낌이었다. 나 자신을 부끄럽게 느끼냐고 묻는다면, 거의 그렇지 않다. 나는 외향적이거나 목소리가 큰 사람은 아니지만, 당당하게 내 의견을 말하기도 하고 내 외모를 싫어하지도 않는다. 타인의 시선에도 크게 신경 쓰지 않는 편이라 잘 꾸미지 않고 다니고, 혼밥이 유행하기 전부터 이미 밥을 먹든 공연을 보든 여행을 하든 혼자 하는 것도 좋아했다. 단지 나는 내 존재 자체를 미워하고 있었다. 내 존재 자체가 수치스러웠던 것이다. 잊고 지냈지만 깊숙이 각인돼 있었던 나의 어린 시절의 끔찍했던 그 기억과 오랜 시간 습관적으로 내 마음을 무시해 오면서, '내가 스스로 만들어 낸 나 자신을 미워하는 마음'이었다.

내 안에 쌓여 있던 많은 감정들을 따듯하게 품어준 지금은, 나를 미워하는 마음이 꽤 많이 없어진 것 같다. 나 자신이 애처로울 때도 있고, 대견하기도 하고, 사랑스럽기도 하다. 나 자신을 그렇게 보는 게 우습다는 생각도 들지만, 그럼에도 나 자신을 가장 많이 사랑하고 이해해 줄 수 있는 사람은 나 자신이라는 것을 안다. 그리고 나는 이제 내 생일을 축하받고 싶어졌다. 그 축하는 **'네가 있어서 정말 좋다. 네가 태어난 날이라 정말 고맙다.'** 의 의미를 지닌 누군가의 진심 어린 포옹이면 좋겠다. 어떤 누군가가 내가 이 세상에 온 날을 축하해 준다면 나는 기꺼이 감사히 받고 싶다. 그리고 부모님께 진심으로 감사하고 사랑한다고 말씀드리고, 나 스스로 많이 축하해 주고 싶다. 이제껏 잘 살아왔다고, 앞으로도 신나게, 사랑하며 살자고.

사람들이 자신의 생일을 더 기뻐하고 더 감사해하면 좋겠다. 다른 사람들의 생일도 진심으로 기쁘게 축하해 주면 좋겠다. 자신의 인생에 그 사람과 같이 생일을 축하할 일이 몇 번이나 있을까? 지금 이 순간 옆에 있는 사람들과 함께 더 많은 축하와 축복을 나누길 바란다.

거울 속의 나를 웃게 하기 위해서

기분이 안 좋은 어느 날, 거울 앞에 서서 나를 보고 있었다. 이유도 잘 모르겠는데 축 늘어지고 우울의 바다에 풍덩 빠져 있었다. 웃고 싶은 의욕은 전혀 없지만 나는 나의 목적지로 가기 위해서 지금 당장 웃으면 좋겠다는 생각도 있었다. 그래서 '혹시 되면, 웃어야지.' 하는 마음으로 거울 앞에 서서 나를 보고 있던 것이다. 그런데 거울 속 나는 절대 웃지 않는다. '어떻게 해야 거울 속의 내가 웃을 수 있지?' 이런 이상한 고민을 해봤다. 답은 단 한 가지였다. 내가 먼저 웃으면 된다. 내가 입꼬리를 올리면 거울도 똑같이 나를 따라 입꼬리를 올린다. 저항하듯 입꼬리가 부들부들 떨리며 올라갔다. 그리고 억지웃음이지만 방긋 미소가 지어졌다. 그리고 한번 웃은 얼굴을 다시 화난 얼굴로 되돌리면, 그런 행동을 하고 있는 나 스스로가 웃기다는 생각에 또 웃는다. 그리고 알았다. '아. 정말 내가 먼저 웃어야 세상이 웃는구나. 내가 웃으면, 세상도 웃어. 내가 먼저 변해야 하는구나. 그래서 내가 이미 가진 것들에 먼저 감사해야 더 많은 감사한 일들이 찾아온다는 거구나.' 겉모습을 바꾸기 위해서는 안이 변해야 한다. 장속이 건강해야 피부도 건강한 것처럼, 내면이 건강해야 진심이 담긴 아름다운 미소를 보일 수 있다.

현재의 힘

이 책의 순서대로 현재 자신의 위치가 어딘지 파악할 수 있다면 자신을 잘 아는 사람인 것 같다. 막막했던 나는 무작위로 궁금한 것들을 파헤치다가 이렇게 정리해 본 것인데, 이 순서가 자신의 삶의 길을 찾는 누군가에게 도움이 되면 좋겠다. 하지만 앞서 얘기했듯 삶의 길을 찾는 방법은 자신만이 알 수 있다. 책의 순서대로 보면, 수많은 습관과 자신이 갖고 있는 사랑의 상태를 점검하는 것으로 자기 삶의 현 위치를 파악할 수 있다. 그리고 사랑에 관한 다른 관점과 타인과 나와의 관계에 대해서 이해하면 삶의 경로가 변화하기 시작하는 것을 볼 수 있다. 그렇게 나도 모르고 있던 진심과 믿음을 발견하며, 나만의 경로와 속도로 나의 목적지를 향해 꿋꿋이 나아갈 수 있다.

 그리고 삶이란 자신만의 고유한 관점에서 자신의 세상을 살아가는 것이고, 그 삶에 어떤 특별한 이유도 의미도 없는 것 같다. 하지만 삶에 대한 나의 새로운 믿음은 개개인이 행복한 관계 안에서 성장(나무가 자라나듯 그저 살아가는 것)하는 것이다. 그렇다면, 사람들과 사랑의 마음을 더 나누고, 짊어진 부담은 내려놓고 조금은 가볍게 살아갈 수 있지 않을까 생각한다.

 그런데 이렇게 시작한 내 여정이 쉽지만은 않았다. 그 이유는 우리의 현 위치가 계속해서 바뀌고 있기 때문이다. 늘 변화하는 존재인 우리는 지금도 몸 안에서 끊임없이 세포가 죽고 다시 태어나며 나를 유지하고 있다. 우리는 세상과 관계를 맺으며 살아가기 때문에 매일 새로운 영향을 주고받고 다양한 경험과 감정들이 생겨난다. 그리고 우리가 자신의 내면을 들여다보고 용서하고 사랑을 깨닫는 과정에서도 수많은 변화를 겪는다. 그래서 우리는 나만의 내비게이션을 자주 실행시켜 봐야 한다. 그때마다 새로운 나를 발견하고 내 길로 나아가게 되기 때문이다.

 가끔 나와 대화를 하다가 녹음을 해봤다. 괴롭지만 잊고 싶지 않은 너무 강렬한 미움이었기 때문이다. 그렇게 **우리는 자신도 모르게 괴로움을 놓치기 싫어한다.** 아마도 억울함 때문이겠지만, 놓아 버리고 나면 참 평온하다. 한두 달 후 우연히 다시 녹음파일을 듣게 됐는데 정말 놀랐다. '내 안에 저렇게 무서운 마음이 있었는데, 이제는 그 마음이 사그라들었네. 미워하느라 힘들었겠다. 그 사이 내가 많이 편안해졌구나.'

 나는 여전히 두려운 것도 많고, 화내는 일도 있고, 부정적인 감정에 휩싸여 주체하지 못하는 때도 있고, 또 그런 나를 비난하고 자책하기도 한다. 건강하지 않은 혼잣말을 하던 예전의 내 모습과 크게 다르지는 않지만 그때는 가면으로 잘 가리고 전전긍긍하던 나였다면, 지금은 가면을 벗고 조금은 편안히 나를 드러내게 된 것 같다. 최근의 나는 매일 즐겁고 충실하게 보낸 하루를 마무리하며 뿌듯한 마음에 나를 칭찬하고 감사한다. 만약 충실하지 못했다면, '그 빈둥거림 역시 필요했겠지.' 생각하며 나 자신을 비난하지 않은 나를 기특해한다. 그리고 내일이 기대된다. **상처는 시간이 가면 치료되는 것이 아니라, 사랑이라는 나의 본질이 나를 보듬고 치유해 주는 것이었다.** 그 사랑은 나의 모든 것을 존중하기 때문에 나를 평가

하지 않고, 내가 나쁜 생각을 하든, 원치 않던 길로 들어서든, 그조차도 모두 존중해 준다. 그리고 그 사랑을 내가 자주 만나고 대화하다 보면, 내가 정말 원하는 길로 갈 수 있도록 안내해 준다.

꼭 책을 써야겠다는 생각은 아니었지만 글을 쓰면 기분이 좋아지고 생각정리도 됐다. 주로 혼자 있는 시간에 글을 썼는데 쓰고 싶은 생각이 들 때만 썼다. 쓰고는 싶은데 마음과 달리 몸이 안 따라주면 좀 졸아야겠다는 생각으로 명상을 했다. 그러다 졸리면 잤고 명상이 이어지면 정신이 맑아져서 또 글을 쓰거나 다른 것을 했다. 산책이나 일을 하다가도 문득 쓰고 싶은 글이 떠올랐다. 그리고 일을 하고 돌아올 때는 '얼른 집에 가서 글 써야지!' 하며 신나는 마음으로 와서 쓰곤 했다. '열심히 할 필요가 없다.'는 성공한 사람들의 말을 이해하게 됐다. 나는 이 글을 열심히 쓰지 않았고 노력이라는 단어 없이 저절로 써진다는 느낌으로 썼다. 1년 반 정도의 기간 동안 책은 처음 방향과 많이 달라졌고, 책을 써 내려가는 주제에 맞게 내 현실에 다양한 일이 펼쳐졌다. '열심히, 빨리, 꼭' 이런 단어를 내려놓으니 저절로 됐다.

과거로의 시간여행이 무의식 정화라면, 미래로의 시간여행은 끌어당김의 법칙일 것이다. 그리고 현재를 사는 현존이 있다. 우리의 과거, 현재, 미래는 지금 모두 한 순간에, 나의 인식 안에 존재한다. 나는 예전부터 present와 timeless라는 단어를 좋아했는데,

present는 '현재, 선물', timeless는 '세월이 흘러도 변치 않는, 시간을 초월한, 무한한'이라는 뜻이 있다. 과거의 기억도 미래의 상상도 현재 나의 기분과 상태에 영향을 미치고, 내가 지금 이 순간 하는 선택에 모든 것이 달려 있다. 결국 현재만이 힘을 가지고 있다. 지금 이 순간, 계속 불편한 과거를 반복할지, 미리 미래를 두려워할지 내가 내 목적지에 따라 선택할 수 있다. **이제껏 외면했던 내게 손 내밀고 과거의 나를 편안히 해주면, 미래의 나는 저절로 내게 좋은 길을 보여준다.** 나는 그렇게 믿고 살아간다. 그리고 좋아하는 두 단어를 붙여봤다. 시간을 초월한 현재(timeless present)는 우리 모두가 받은 변치 않는 선물(a timeless present)이다.

몇 달 전만 해도 거울을 힐끔 쳐다보면, 나를 노려보는 냉정한 눈빛이 있었다. 있는 줄도 모르던 내 안의 믿음들과 평생을 싸우며 지내왔다. 하지만 현 위치의 나는 책상 위에 놓인 작은 거울을 통해 나를 보며 웃고 있다. 당신의 현 위치는 어디인가.

에
필
로
그

    방황하는 마음을 보면서 나와 이야기를 나누다 보니, 내 안에 들어 있는 게 참 없다는 생각을 했다. 나는 공부도 일도 좋아했는데, 내가 해왔던 것들에 대해 언제 한번 당당히 설명할 수 있던 적이 없었다. 귀에 들리면 고민 없이 내 믿음이 되었고, '왜'를 궁금해하지 않았으며, 말 잘 듣는 삶을 살았다. 진심과 사랑이 없는, 비어 있는 마음으로 지내는 시간들이 길어지면서 내 예상과 다르게 펼쳐지는 삶에 속수무책으로 무너져 내렸다. 하지만 그 시간들이 없었다면 지금 이 순간의 행복과 사랑을 모르고 그려지지 않는 미래의 행복을 기다리며 살고 있었을 것이다.

    이 책은 내가 잘 살아가고픈 마음에 유튜브 영상과 책을 보며 공부하고 내 경험을 통해 생각을 정리한 글이다. 인생의 길을 찾는 데 모든 판단과 선택은 각자에게 달려 있기 때문에 이 책을 읽어도 자신만의 길을 찾느라 돌고, 돌고, 또 돌아갈지도 모른다. 그리고 그게 진정한 자신만의 길을 찾는 방법일 것이다. 나도 아는 것 같으면서도 여전히 알지 못하고, 확실한 믿음을 갖지 못한 면도 있다.

    하지만 내가 공부하며 알게 된 것은 나를 있는 그대로 사랑하고, 내 마음을 마주하고, 세상과 소통하라는 것이었다. 그리고 이 책은 그 세 가지 모두를 포함하는 것이다. 세상에는 정말 좋은 책이 많고, 나의 생각과 글에 오류가 있을 수도 있다는 두려움에 몇 번이고 망설여졌다. 하지만 이 책의 한 줄이라도 누군가의 삶에 도움이 될 수도 있으므로, 나는 책을 출판하는 용기를 냈다. '언젠가 내가 쓴 글에 대해 생각이 바뀐다면, 그때 다시 더 성장한 이야기를 담은 책을 내지.' 하는 생각으로.

    내가 하는 이야기는 어쩌면 너무 뻔한, 어린 시절부터 자주 들어오던 이야기들이다. 일기를 쓸 것, 상대방의 입장이 돼볼 것, 양심을 속이지 말 것, 건강한 대화를 할 것 등…. 결국 우리는 인생의 답을, 가야 할 길을 이미 알고 있다는 말이다. 가끔 삶에서 길을 잃었다는 생각이 들 때 언제든 책을 펼쳐보고 각자의 목적지를 찾아가는 데 도움이 되면 좋겠다. 내가 "너는 소중한 사람이야."라는 한마디에 큰 용기를 낼 수 있었듯, 당신도 그런 소중한 사람이다. 그리고 당신은 그 말을 다른 사람들에게도 전할 수 있는 사랑의 존재이다. 행복은 언제나 바로 내 옆에서 손 흔들고 있어서, 잠깐 큰 숨을 쉬며 좋은 마음의 방향을 선택하는 순간 누구나 발견할 수 있다. 잠시 멈추고, 자신에게 말을 걸어보고, 자신을 찾는 길을 나아가기를 기원한다.

그리고 믿기지 않아도 이 세 가지는 염두에 두면 좋을 것 같다.

우리 모두는 사랑의 존재이다.
내 눈에 보이는 모든 것은 나를 보여주는 것이다.
이 세상은 내게 더 좋은 것이 무엇인지 나보다 더 잘 알고 있고,
어떤 것도 나쁜 일은 없다.

마지막으로,
사랑하는 우리 가족과
내 딸로 이 세상에 와준 우리 아린이에게
고마움을 전합니다.

미주

1. 윌 보웬, 이종인 옮김, 『불평 없이 살아보기』, 세종서적, 2014
2. 조 디스펜자, 편기욱 옮김, 『브레이킹 당신이라는 습관을 깨라』, 샨티, 2021
3. 「벤허」(뮤지컬), ㈜EMK뮤지컬컴퍼니
4. 피트 닥터, 밥 피터슨(감독), 「업」(영화), 한국 소니픽쳐스 릴리징 브에나 비스타 영화, 2009
5. 크리스 벅, 제니퍼 리(감독), 「겨울왕국」(영화), 소니픽쳐스 릴리징 월트디즈니 스튜디오스 코리아㈜, 2014
6. USA for Africa가 1985년 아프리카 난민 구제를 위해 발표한 노래이자 싱글앨범
7. 정현종, 『광휘의 속삭임』, 「방문객」, 문학과지성사, 2008
8. 닐 도날드 월쉬, 조경숙 옮김, 『신과 나눈 이야기 1』, 아름드리미디어, 2019
9. 김춘수, 『꽃인 듯 눈물인 듯』, 「꽃」, 포르체, 2024
10. 조셉 머피, 조율리 옮김, 『조셉 머피 잠재의식의 힘』, 다산북스, 2023
11. 네빌 고다드, 이상민 옮김, 『세상은 당신의 명령을 기다리고 있습니다』, 서른세개의 계단, 2009
12. 얼 나이팅게일, 양영철 옮김, 『사람은 생각대로 된다』, 위드하우스, 2009
13. 「엘리자벳」(뮤지컬), ㈜EMK뮤지컬컴퍼니
14. 크리스 벅, 제니퍼 리(감독), 「겨울왕국2」(영화), 월트디즈니 컴퍼니 코리아, 2019
15. 조유미, 『나, 있는 그대로 참 좋다』, 「액자 밖으로 벗어나기」, 허밍버드, 2017
16. 피천득, 『인연』, 「서영이에게」, 민음사, 2018